INVENTAIRE
X9416

DE L'UNIVERSALITÉ DE LA LANGUE FRANÇAISE.

DE L'UNIVERSALITÉ DE LA LANGUE FRANÇAISE;

DISCOURS
QUI A REMPORTÉ LE PRIX
A L'ACADÉMIE DE BERLIN.

Tu regere Eloquio Populos, ô Galle, memento.

Prix, 2 liv. 8 f.

A BERLIN,
Et se trouve A PARIS,

Chez { BAILLY, vis-à-vis la Barriere des Sergens, rue Saint Honoré.
DESSENNE, au Palais Royal.

Et chez les Marchands de Nouveautés

1784.

On sent combien il est heureux pour la France, que la Question sur l'Universalité de sa Langue ait été faite par des Etrangers; elle n'auroit pû, sans quelque pudeur, se la proposer elle-même.

DE L'UNIVERSALITÉ DE LA LANGUE FRANÇAISE.

Qu'est-ce qui a rendu la Langue Française universelle?
Pourquoi mérite-t'elle cette prérogative?
Est-il à présumer qu'elle la conserve?

Une telle question proposée sur la Langue Latine, auroit flatté l'orgueil de Rome, & son histoire l'eût consacrée comme une de ses belles époques: jamais en effet pareil hommage ne fut rendu à un Peuple plus poli par une Nation plus éclairée.

A

Le tems semble être venu de dire le *Monde Français*, comme autrefois le *Monde Romain*; & la Philosophie, lasse de voir les hommes toujours divisés par des Maîtres qui ont tant d'intérêt à les isoler, se réjouit maintenant de les voir, d'un bout de la terre à l'autre, se former en République sous la domination d'une même Langue. Spectacle digne d'elle, que cet uniforme & paisible empire des Lettres qui s'étend sur la variété des Peuples, & qui, plus durable & plus fort que celui des armes, s'accroît également des fruits de la paix & des ravages de la guerre !

Mais cette honorable universalité de la Langue Française, si bien reconnue & si hautement avouée dans notre Europe, offre pourtant un grand problême; parce qu'elle tient à des causes si délicates & si puissantes à la fois, que pour les démêler il s'agit de montrer jusqu'à quel point la position de la France, sa constitution politique, la nature de son climat, le génie de sa Langue & de ses Ecrivains, le caractere de ses habitans & l'opinion qu'elle a su donner d'elle au reste du Monde; jusqu'à quel point, dis-je, tant de causes diverses ont pu combiner leurs influences & s'unir, pour faire à cette Langue une fortune si prodigieuse.

Quand les Romains conquirent les Gaules, leur séjour & leurs loix y donnerent d'abord la prééminence à la Langue Latine ; & quand les Francs leur succéderent, la Religion Chrétienne, qui jettoit ses fondemens dans ceux de la Monarchie, confirma cette prééminence. On parla Latin à la Cour, dans les Cloîtres, dans les Tribunaux & dans les Ecoles : mais les jargons que parloit le Peuple, corrompirent peu-à-peu cette Latinité, & en furent corrompus à leur tour. De ce mélange, naquit cette multitude de patois qui vivent encore dans nos Provinces. L'un d'eux devoit être un jour la Langue Française.

Il seroit difficile d'assigner le moment où ces différens dialectes se dégagerent du Celte, du Latin & de l'Allemand : on voit seulement qu'ils ont dû se disputer la souveraineté, dans un Royaume que le système féodal avoit divisé en tant de petits Royaumes. Pour hâter notre marche, il suffira de dire que la France, naturellement partagée par la Loire, eut deux patois, auxquels on peut rapporter tous les autres, le *Picard* & le *Provençal*. Des Princes s'exercerent dans l'un & l'autre, & c'est aussi dans l'un & l'autre que furent d'abord écrits les Romans de

Chevalerie & les petits Poëmes du tems. Du côté du midi florissoient les *Troubadours*, & du côté du Nord les *Trouveurs*. Ces deux mots, qui au fond n'en sont qu'un, expriment assez bien la phisionomie des deux Langues.

Si le Provençal, qui n'a que des sons pleins, eût prévalu, il auroit donné au Français l'éclat de l'Espagnol & de l'Italien : mais le midi de la France, toujours sans Capitale & sans Roi, ne put soutenir la concurrence du nord, & l'influence du patois Picard s'accrut avec celle de la Couronne. C'est donc le génie clair & méthodique de ce jargon & sa prononciation un peu sourde, qui dominent aujourd'hui dans la Langue Française.

Mais quoique cette nouvelle Langue eût été adoptée par la Cour & la Nation, & que dès l'an 1260 un Auteur Italien lui eût trouvé assez de charmes pour la préférer à la sienne, cependant l'Eglise, l'Université & les Parlemens la repoussèrent encore, & ce n'est que dans le seizieme siecle qu'on lui accorda solemnellement les honneurs dûs à une Langue légitimée.

A cette époque, la renaissance des Lettres la découverte de l'Amérique & du passage aux

Indes, l'invention de la poudre & de l'Imprimerie, ont donné une autre face aux Empires. Ceux qui brilloient se sont tout-à-coup obscurcis; & d'autres sortant de leur obscurité, sont venus figurer à leur tour sur la scène du monde. Si du nord au midi le voile de la Religion s'est déchiré, un commerce immense a jetté de nouveaux liens parmi les hommes. C'est avec les sujets de l'Afrique que nous cultivons l'Amérique, & c'est avec les richesses de l'Amérique que nous trafiquons en Asie. L'Univers n'offrit jamais un tel spectacle. L'Europe surtout est parvenue à un si haut degré de puissance, que l'histoire n'a rien à lui comparer: le nombre des Capitales, la fréquence & la célérité des expéditions, les communications publiques & particulieres, en ont fait une immense République, & l'ont forcée à se décider sur le choix d'une Langue.

Ce choix ne pouvoit tomber sur l'Allemand; car vers la fin du quinzieme siecle, & dans tout le seizieme, cette Langue n'offroit pas un seul monument. Négligée par le Peuple qui la parloit, elle cédoit toujours le pas à la Langue Latine. Comment donc faire adopter aux autres ce qu'on n'ose adopter soi-même? C'est des

Allemands que l'Europe apprit à négliger la Langue Allemande. Obſervons auſſi que l'Empire n'a pas joué le rôle auquel ſon étendue & ſa population l'appelloient naturellement : ce vaſte corps n'eut jamais un Chef qui lui fût proportionné ; & dans tous les tems cette ombre du Trône des Céſars qu'on affectoit de montrer aux Nations, ne fut en effet qu'une ombre. Or, on ne ſauroit croire combien une Langue emprunte d'éclat du Prince & du Peuple qui la parlent. Et lorſqu'enfin la Maiſon d'Autriche, fière de toutes ſes Couronnes, eſt venue faire craindre à l'Europe une Monarchie univerſelle, la politique s'eſt encore oppoſée à la fortune de la Langue Tudeſque. Charles-Quint, plus attaché à ſon ſceptre héréditaire qu'à un Trône où ſon fils ne pouvoit monter, fit rejaillir l'éclat des Céſars ſur la Nation Eſpagnole.

A tant d'obſtacles tirés de la ſituation de l'Empire, on peut en ajouter d'autres fondés ſur la nature même de la Langue Allemande : elle eſt trop riche & trop dure à la fois. N'ayant aucun rapport avec les Langues anciennes, elle fut pour l'Europe une Langue-mère, & ſon abondance effraya des têtes déjà fatiguées de l'étude du Latin & du Grec. En effet, un Allemand qui apprend la Langue Française ne fait pour ainsi dire qu'y descendre, conduit par la Langue Latine ; mais rien ne peut nous faire remonter du Français à l'Allemand : il faut pour lui seul se créer une nouvelle mémoire ; & sa littérature, il y a un siecle, ne valoit pas un tel effort. D'ailleurs, sa prononciation gutturale choqua trop l'oreille des Peuples du midi ; & les Imprimeurs Allemands, fideles à l'écriture Gothique, rebuterent des yeux accoutumés aux caracteres Romains. On peut donc établir pour regle générale, que si l'homme du nord est appellé à l'étude des Langues méridionales, il faut des longues guerres dans l'Empire pour faire surmonter aux Peuples du midi leur répugnance pour les Langues septentrionales. Le Genre-humain est comme un fleuve qui coule du nord au midi ; rien ne peut le faire rebrousser vers sa source ; & voilà pourquoi l'universalité de la Langue Française est moins rigoureusement vraie pour l'Espagne & pour l'Italie que pour le reste de l'Europe. Il reste à savoir jusqu'à quel point la révolution qui s'opere aujourd'hui dans la Littérature des Germains, influera sur la réputation de leur Langue. On peut seulement présumer qu'elle s'est faite un

A iv

peu tard, & que leurs Ecrivains ont repris les choses de trop haut. Des Poëmes tirés de la Bible, où tout respire un air patriarcal, & qui annoncent des mœurs admirables, n'auront de charmes que pour une Nation simple & sédentaire, toujours sans ports & sans commerce, & qui ne sera peut-être jamais réunie sous un même Chef. L'Allemagne offrira longtems le spectacle d'un Peuple antique & modeste, gouverné par des Princes amoureux des modes & du langage d'une Nation polie & corrompue. D'où il suit que l'accueil extraordinaire que ces Princes & leurs Académies ont fait à un idiome étranger, est un obstacle de plus qu'ils opposent à leur Langue, & comme une exclusion qu'ils lui donnent.

La Monarchie Espagnole pouvoit, ce semble, fixer le choix de l'Europe. Toute brillante de l'or de l'Amérique, puissante dans l'Empire, maîtresse des Pays-Bas & d'une partie de l'Italie, les malheurs de François Ier lui donnoient un nouveau lustre, & ses espérances s'accroissoient encore des troubles de la France & du mariage de Philippe II avec la Reine d'Angleterre. Tant de grandeur ne fut qu'un éclair. L'expulsion des Maures & les émigrations en Amérique, avoient bleſſé l'Etat dans ſon principe, & ces deux grandes plaies ne tarderent pas à paroître. Auſſi, quand Richelieu frappa le vieux Coloſſe, il ne put réſiſter à la France, qui s'étoit comme rajeunie dans les guerres civiles. Ses armées plierent de tout côté, ſa réputation s'éclipſa. Peut-être que ſa décadence eût été moins prompte, ſi ſa Littérature avoit pu alimenter cette avide curioſité des eſprits, qui ſe réveilloit de toute part : mais le Caſtillan, ſubſtitué partout au patois Catalan, comme notre Picard l'avoit été au Provençal ; le Caſtillan, dis-je, n'avoit point cette galanterie Moreſque, dont l'Europe fut ſi long-tems charmée, & le génie national étoit devenu plus ſombre. Il eſt vrai que la folie des Chevaliers-Errants nous valut le Dom-Quichotte, & que l'Eſpagne acquit un Théâtre : mais le génie de Cervantes & celui de Lopès de-Véga ne ſuffiſoient pas à nos beſoins. Le premier, d'abord traduit, ne perdit point à l'être ; & le ſecond, moins parfait, fut bientôt imité & ſurpaſſé. On s'apperçut donc que la magnificence de la Langue Eſpagnole & l'orgueil national cachoient une pauvreté réelle. L'Eſpagne, placée entre la ſource de la richeſſe, & les canaux qui l'abſorbent, en eut toujours moins : elle paya ceux qui commerçoient pour elle, sans songer qu'il faut toujours les payer davantage. Grave, peu communicative, subjuguée par des Prêtres, elle fut pour l'Europe ce qu'étoit autrefois la mystérieuse Egypte, dédaignant des voisins qu'elle enrichissoit, & s'enveloppant du manteau de cet orgueil politique qui a fait tous ses maux.

On peut dire que sa position fut un autre obstacle au progrès de sa Langue. Le voyageur qui la visite y trouve encore les colonnes d'Hercule, & doit toujours revenir sur ses pas : aussi l'Espagne est-elle, de tous les Royaumes, celui qui doit le plus difficilement réparer ses pertes, lorsqu'il est une fois dépeuplé.

Enfin la Langue Espagnole ne pouvoit devenir la Langue usuelle de l'Europe. La majesté de sa prononciation invite à l'enflure, & la simplicité de la pensée se perd dans la longueur des mots & sous la noblesse des désinences. On est tenté de croire qu'en Espagnol la conversation n'a plus de familiarités, l'amitié plus d'épanchemens, le commerce de la vie plus de liberté, & que l'amour y est toujours un culte. Charles-Quint lui-même, qui parloit plusieurs langues, réservoit l'Espagnol pour des jours de solemnités & pour ses prieres. En effet, les livres afcétiques y font admirables, & il semble que le commerce de l'homme à Dieu se fasse mieux en Espagnol qu'en tout autre idiome. Les proverbes y ont aussi de la réputation, parce qu'étant le fruit de l'expérience de tous les Peuples, & comme le bon sens de tous les siecles réduit en formules, l'Espagnol leur prête encore une tournure plus sententieuse : mais les proverbes ne quittent pas les lèvres du petit Peuple. Il paroît donc évident que ce sont & les défauts & les avantages de la Langue Espagnole, qui l'ont exclue à la fois de l'universalité.

Mais comment l'Italie ne donna-t-elle pas sa Langue à l'Europe ? Centre du monde depuis tant de siecles, on étoit accoutumé à son Empire & à ses loix. Aux Césars qu'elle n'avoit plus, avoient succédé les Pontifes, & la Religion lui rendoit constamment les Etats que lui arrachoit le sort des armes. Les seules routes praticables en Europe conduisoient à Rome; elle seule attiroit les vœux & l'argent de tous les Peuples, parce qu'au milieu des ombres épaisses qui couvroient l'occident, il y eut toujours dans cette Capitale une masse d'esprit & de lumieres ; & quand les Beaux-Arts, exilés de

(12)

Conſtantinople, ſe réfugierent dans nos climats, l'Italie ſe réveilla la premiere à leur approche; & fut une ſeconde fois la grande Grèce. Comment s'eſt-il donc fait qu'à tous ſes titres elle n'ait pas ajouté l'empire du langage ?

C'eſt que de tous les tems les Papes ne parlerent & n'écrivirent qu'en Latin : c'eſt que pendant vingt ſiecles cette Langue régna dans les Républiques, dans les Cours, dans les écrits & dans les monumens de l'Italie, & que le Toſcan fut toujours appellé la *Langue vulgaire*. Auſſi quand le Dante entreprit d'illuſtrer cette Langue, héſita-t-il long-tems entr'elle & le Latin. Il voyoit que le Toſcan n'avoit pas, même dans le midi de l'Europe, l'éclat & la vogue du Provençal, & il penſoit, avec ſon ſiecle, que l'immortalité étoit excluſivement attachée à la Langue Latine. Petrarque & Bocace eurent les mêmes craintes; & comme le Dante, ils ne purent réſiſter à la tentation d'écrire la plupart de leurs ouvrages en Latin. Il eſt arrivé pourtant le contraire de ce qu'ils eſpéroient : c'eſt dans leur Langue maternelle que leur nom vit encore; leurs œuvres Latines ſont dans l'oubli. Mais ſans les ſublimes conceptions de ces trois grands Hommes, il eſt à préſumer que le patois des Troubadours auroit disputé le pas à la Langue Italienne, au milieu même de la Cour Pontificale établie en Provence.

Quoi qu'il en soit, les Poëmes du Dante & de Petrarque, brillans de beautés antiques & modernes, ayant fixé l'admiration de l'Europe, la Langue Toscane acquit de l'empire. A cette époque, le commerce de l'Ancien Monde passoit tout entier par les mains de l'Italie : Pise, Florence, & sur-tout Venise & Gênes, étoient les seules Villes opulentes de l'Europe. C'est d'elles qu'il fallut, au tems des Croisades, emprunter des vaisseaux pour passer en Asie, & c'est d'elle que les Barons Français, Anglais & Allemands, tiroient le peu de luxe qu'ils avoient. La Langue Toscane régna sur toute la Méditerranée. Enfin, le beau siecle des Médicis arriva : Machiavel débrouilla le cahos de la politique, & Galilée sema les germes de cette philosophie, qui n'a porté des fruits que pour la France & l'Angleterre. La Sculpture & la Peinture prodiguoient leurs miracles, & l'Architecture marchoit d'un pas égal. Rome se décora de chefs-d'œuvres sans nombre, & l'Ariofte & le Tasse porterent bientôt la plus douce des Langues à sa plus haute perfection dans des Poëmes, qui feront toujours les premiers monumens de l'Italie & le charme de tous les hommes. Qui pouvoit donc arrêter la domination d'une telle Langue ?

D'abord une cause tirée de l'ordre même des événemens : cette maturité fut trop précoce. L'Espagne, toute politique & guerriere, ignora l'existence du Tasse & de l'Arioste : l'Angleterre, théologique & barbare, n'avoit pas un livre, & la France se débattoit dans les horreurs de la Ligue. L'Europe n'étoit pas prête & n'avoit pas encore senti le besoin d'une Langue universelle.

Une foule d'autres causes se présente. Quand la Grèce étoit un Monde, dit fort bien Montesquieu, ses plus petites Villes étoient des Nations : mais ceci ne put jamais s'appliquer à l'Italie dans le même sens. La Grèce donna des Loix aux Barbares qui l'environnoient, & l'Italie qui ne fut jamais, à son exemple, se former en République fédérative, fut tour-à-tour envahie par les Allemands, par les Espagnols & par les Français. Son heureuse position & sa Marine auroient pû la soutenir & l'enrichir ; mais dès qu'on eut doublé le Cap de Bonne-Espérance, le commerce des Indes passa tout entier aux Portugais, & l'Italie ne se trouva plus que dans un coin de l'Univers. Privée de l'éclat des armes & des ressources du commerce, il ne lui restoit que sa Langue & ses chefs-d'œuvres : mais par une fatalité singuliere, le bon goût se perdit en Italie au moment où il se réveilloit en France. Le siecle des Corneille, des Pascal & des Moliere, fut celui d'un Cavalier Marin, d'un Achillini & d'une foule d'Auteurs plus méprisables encore. De sorte que si l'Italie avoit d'abord conduit la France, il fallut ensuite que la France ramenât l'Italie.

Cependant l'éclat du nom Français augmentoit, l'Angleterre se mettoit sur les rangs, & l'Italie se dégradoit de plus en plus. On sentit généralement qu'un Pays qui fournissoit des Baladins à toute l'Europe, ne donneroit jamais assez de considération à sa Langue. On observa que l'Italie n'ayant pû, comme la Grèce, annoblir ses différens dialectes, elle s'en étoit trop occupée. A cet égard, la constitution de la France paroît plus heureuse : les patois y sont abandonnés aux Provinces, & c'est sur eux que le petit Peuple exerce ses caprices, tandis que la Langue nationale est hors de ses atteintes.

Enfin le caractere même de la Langue Italienne fut ce qui l'écarta le plus de cette univerfalité qu'obtient chaque jour la Langue Française. On sait quelle distance sépare en Italie la poésie de la prose : mais ce qui doit étonner, c'est que le vers y ait réellement plus de dureté, ou pour mieux dire moins de mignardise que la prose. Les loix de la mesure & de l'harmonie ont forcé le Poëte à tronquer les mots, & par ces syncopes fréquentes il s'est fait une Langue à part, qui, outre la hardiesse des inversions, a une marche plus rapide & plus ferme. Mais la prose, composée de mots dont toutes les lettres se prononcent, & roulant toujours sur des sons pleins, se traîne avec trop de lenteur : son éclat est monotone, l'oreille se lasse de sa douceur & la langue de sa mollesse ; ce qui peut venir de ce que chaque mot étant harmonieux en particulier, l'harmonie du tout ne vaut rien. La pensée la plus vigoureuse se détrempe dans la prose Italienne. Elle est souvent ridicule & presqu'insupportable dans une bouche virile, parce qu'elle ôte à l'homme ce caractère d'austérité qui doit en être inséparable. Comme la Langue Allemande, elle a des formes cérémonieuses, ennemies de la conversation, & qui ne donnent pas assez bonne opinion de l'espece humaine. On y est toujours dans la fâcheuse alternative d'ennuyer ou d'insulter un homme.

homme. Enfin, il paroît difficile d'être naïf dans cette Langue, & la plus simple assertion y a besoin d'être renforcée du serment. Tels sont les inconvéniens de la prose Italienne, d'ailleurs si riche & si flexible. Or, c'est la prose qui donne l'empire à une Langue, parce qu'elle est toute usuelle; la poésie n'est qu'un objet de luxe.

Malgré tout cela, on sent bien que la patrie de Raphaël, de Michel-Ange & du Tasse, ne sera jamais sans honneurs. C'est dans ce climat fortuné que la plus mélodieuse des Langues s'est unie à la musique des Anges, & cette alliance leur assure un empire éternel. C'est-là que les chefs-d'œuvres antiques & modernes & la beauté du ciel, attirent le Voyageur, & que l'affinité des Langues Toscane & Latine le fait passer avec transport de l'Enéïde à la Jérusalem. L'Italie, environnée de Puissances qui l'humilient, a toûjours droit de les charmer; & sans doute que si les Littératures Anglaise & Française n'avoient écrasé la sienne, l'Europe auroit encore accordé plus d'hommages à une contrée deux fois mere des Arts.

Dans ce rapide tableau des Nations, on voit le caractère des Peuples & le génie de leur

Langue marcher d'un pas égal, & l'un est toujours garant de l'autre. Admirable propriété de la parole, de montrer ainsi l'homme tout entier !

Des Philosophes ont demandé si la pensée peut exister sans la parole ou sans quelqu'autre signe : non sans doute. L'homme étant une machine très-harmonieuse, n'a pu être jetté dans le monde sans s'y établir une foule de rapports. La seule présence des objets lui a donné des *sensations*, qui sont nos idées les plus simples, & qui ont bientôt amené les *raisonnemens*. Il a d'abord senti le plaisir & la douleur, & il les a nommés ; ensuite il a connu & nommé l'erreur & la vérité. Or, *sensation & raisonnement*, voilà de quoi tout l'homme se compose : l'enfant doit sentir avant de parler, mais il faut qu'il parle avant de penser. Chose étrange ! Si l'homme n'eût pas créé des signes, ses idées simples & fugitives, germant & mourant tour-à-tour, n'auroient pas laissé plus de traces dans son cerveau que les flots d'un ruisseau qui passe n'en laissent dans ses yeux. Mais l'idée simple a d'abord nécessité le signe, & bientôt le signe a fécondé l'idée : chaque mot a fixé la sienne, & telle eſt leur aſſociation, que ſi la parole eſt une penſée qui ſe manifeſte, il faut que la penſée ſoit une parole intérieure & cachée. L'homme qui parle eſt donc l'homme qui penſe tout haut; & ſi on peut le juger par ſes paroles, on peut auſſi juger une Nation par ſon Langage. La forme & le fond des ouvrages dont chaque Peuple ſe vante n'y fait rien: c'eſt d'après le caractere & le génie de leur Langue qu'il faut prononcer: car preſque tous les Ecrivains ſuivent des regles & des modeles, mais une Nation entiere parle d'après ſon génie.

On demande ſouvent ce que c'eſt que le génie d'une Langue, & il eſt difficile de le dire. Ce mot tient à des idées très-compoſées, & a l'inconvénient des notions abſtraites & générales: on craint, en les définiſſant, de les généraliſer encore. Afin de mieux rapprocher cette expreſſion de toutes les idées qu'elle embraſſe, on peut dire que la douceur ou l'âpreté des articulations, l'abondance ou la rareté des voyelles, la proſodie & l'étendue des mots, leurs filiations, & enfin le nombre & la forme des tournures & des conſtructions qu'ils prennent entr'eux, ſont les cauſes les plus évidentes du génie d'une Langue, & ces cauſes ſe lient

B ij

au climat & au caractere de chaque Peuple en particulier.

Il semble au premier coup-d'œil que les proportions de l'organe vocal étant invariables, & ayant donné par-tout des articulations fixes, elles auroient dû produire par-tout les mêmes mots, & qu'on ne devroit entendre qu'un seul Langage dans l'Univers : mais si les autres proportions du corps humain, non moins invariables, n'ont pas laissé de changer de Nation à Nation, & si les piés, les pouces & les coudées d'un Peuple ne sont pas ceux d'un autre, il falloit aussi sans doute que l'organe brillant & compliqué de la parole éprouvât de grands changemens de Peuple en Peuple, & souvent de siecle en siecle. La Nature qui n'a qu'un modele pour tous les hommes, n'a pourtant pas confondu tous les visages sous une même physionomie. Ainsi, quoiqu'on trouve en tous lieux les mêmes articulations radicales, les Langues n'en ont pas moins varié comme la scène du monde ; chantantes & voluptueuses dans les beaux climats, âpres & sourdes sous un ciel triste, elles ont constamment suivi la répétition & la fréquence des mêmes sensations.

Après avoir expliqué la diversité des Langues par la nature même des choses, & fondé l'union du caractère d'un Peuple & du génie de sa Langue sur l'éternelle alliance de la parole & de la pensée, il est tems d'arriver aux deux Peuples qui nous attendent, & qui doivent fermer cette lice des Nations : Peuples chez qui tout diffère, climat, langage, gouvernement, vices & vertus : Peuples voisins & rivaux, qui après avoir disputé trois cents ans, non à qui auroit l'Empire, mais à qui existeroit, se disputent encore la gloire des Lettres & se partagent depuis un siecle les regards de l'Univers.

L'Angleterre, sous un ciel nébuleux, & séparée du reste du monde, ne parut qu'un exil aux Romains ; tandis que la Gaule, ouverte à tous les Peuples, & jouissant du ciel de la Grèce, faisoit les délices des Césars. Premiere différence établie par la Nature, & d'où dérive une foule d'autres différences. Ne cherchons pas ce qu'étoit l'Angleterre, lorsque répandue dans les plus belles Provinces de France, adoptant notre Langue & nos mœurs, elle n'offroit pas une physionomie distincte ; ni dans les tems où, consternée par le despotisme de Guillaume le Conquérant & de Henri VIII, elle donnoit, à ses voisins des modeles d'esclavage : mais considérons-la dans son Isle, rendue à son propre génie, parlant sa propre Langue, florissante de ses Loix, s'asseyant enfin à son véritable rang en Europe.

Par sa position & par la supériorité de sa marine, elle peut nuire à toutes les Nations & les braver sans cesse. Comme elle doit toute sa splendeur à l'Océan qui l'environne, il faut qu'elle l'habite, qu'elle le cultive, qu'elle se l'approprie : il faut que cet esprit d'inquiétude & d'impatience, auquel elle doit sa liberté, se consume au-dedans s'il n'éclate au-dehors. Mais quand l'agitation est intérieure, elle est toujours fatale au Prince, qui, pour lui donner un autre cours, se hâte d'ouvrir ses ports, & les pavillons de l'Espagne, de la France ou de la Hollande, sont bientôt insultés. Son commerce, qui s'est ramifié à l'infini dans les quatre parties du monde, fait aussi qu'elle peut être blessée de mille manieres différentes, & les sujets de guerre ne lui manquent jamais. De sorte qu'à toute l'estime qu'on ne peut refuser à une Nation puissante & éclairée, les autres Peuples joignent toujours un peu de haine, mêlée de crainte & d'envie.

Mais la France qui a dans son sein une subsistance assurée & des richesses immortelles, agit contre ses intérêts & méconnoît son génie quand elle se livre à l'esprit de conquête. Son influence est si grande dans la paix & dans la guerre, que toujours maîtresse de donner l'une ou l'autre, il doit lui sembler doux de tenir dans ses mains la balance des Empires, & d'associer le repos de l'Europe au sien. Par sa situation elle tient à tous les Etats ; par sa juste étendue elle touche à ses véritables limites. Il faut donc que la France conserve & qu'elle soit conservée ; ce qui la distingue de tous les Peuples anciens & modernes. Le commerce des deux mers enrichit ses Villes maritimes & vivifie son intérieur, & c'est de ses productions qu'elle alimente son commerce : si bien que tout le monde a besoin de la France, quand l'Angleterre a besoin de tout le monde. Aussi dans les Cabinets de l'Europe, c'est plutôt l'Angleterre qui inquiete, c'est plutôt la France qui domine. Sa Capitale, enfoncée dans les terres, n'a point eû, comme les Villes maritimes, l'affluence des Peuples ; mais elle a mieux senti & mieux rendu l'influence de son propre génie, le goût de son terroir, l'esprit de son Gouvernement. Elle a attiré par ses charmes, plus que par ses richesses ; elle n'a pas eu le mélange, mais le choix des Nations ; les gens d'esprit y ont abondé, &

son empire a été celui du goût. Les opinions exagérées du nord & du midi, viennent y prendre une teinte qui plaît à tous. Il faut donc que la France craigne de détourner, par la guerre, cet incroyable penchant de tous les Peuples pour elle : quand on regne par l'opinion, est-il besoin d'autre empire ?

Je suppose ici que si le principe du Gouvernement s'affoiblit chez l'une des deux Nations, il s'affoiblit aussi dans l'autre, ce qui fera subsister long-tems le parallèle & leur rivalité : car si l'Angleterre avoit tout son ressort, elle seroit trop remuante ; & la France seroit trop à craindre si elle déployoit toute sa force. Il y a pourtant cette observation à faire, que le monde peut changer d'attitude, & la France n'y perdroit pas beaucoup : il n'en est pas ainsi de l'Angleterre, & je ne puis prévoir jusqu'à quel point elle tombera, pour avoir plutôt songé à étendre sa domination que son commerce.

La différence de Peuple à Peuple n'est pas moins forte d'homme à homme. L'Anglais sec & taciturne, joint à l'embarras & à la timidité de l'homme du nord, une impatience, un dégoût de toute chose qui va souvent jusqu'à celui de la vie ; le Français a une saillie de gaîté qui ne l'abandonne pas; & à quelque régime que leurs Gouvernemens les ayent mis l'un & l'autre, ils n'ont jamais perdu cette premiere empreinte. Le Français cherche le côté plaisant de ce monde; l'Anglais semble toujours assister à un Drame; de sorte que ce qu'on a dit du Spartiate & de l'Athénien, se prend ici à la lettre; on ne gagne pas plus à ennuyer un Français qu'à divertir un Anglais. Celui-ci voyage pour voir; le Français, pour voir & pour être vû. On n'alloit pas beaucoup à Lacédémone, si ce n'est pour étudier son Gouvernement; mais le Français visité par toutes les Nations, peut se croire dispensé de voyager chez elles, comme d'apprendre leurs Langues, puisqu'il retrouve par-tout la sienne. En Angleterre, les hommes vivent beaucoup entr'eux; aussi les femmes qui n'ont pas quitté le tribunal domestique, ne peuvent entrer dans le tableau de la Nation : mais on ne peindroit les Français qu'en profil, si on faisoit le tableau sans elles; c'est de leurs vices & des nôtres, de la politesse des hommes & de la coquetterie des femmes, qu'est née cette galanterie des deux sexes qui les corrompt tour-à-tour, & qui donne à la corruption même des formes si brillantes & si aimables. Sans avoir la subtilité qu'on reproche aux Peuples du midi, & l'excessive simplicité du nord, la France a la politesse & la grace; & non-seulement elle a la grace & la politesse, mais c'est elle qui en fournit les modèles dans les mœurs, dans les manieres & dans les parures. Sa mobilité ne donne pas à l'Europe le tems de se lasser d'elle. C'est pour toujours plaire, que le Français change toujours ; c'est pour ne pas trop se déplaire à lui-même, que l'Anglais est contraint de changer. Le Français ne quitte la vie que lorsqu'il ne peut plus la soutenir; l'Anglais, quand il ne peut plus la supporter. On nous reproche l'imprudence & la fatuité ; mais nous en avons tiré plus de parti, que nos ennemis de leur flegme & de leur fierté : la politesse ramene ceux qu'a choqués la vanité ; il n'est point d'accommodement avec l'orgueil. On peut d'ailleurs en appeller au Français de quarante ans, & l'Anglais ne gagne rien aux délais. Il est bien des momens où le Français pourroit payer de sa personne ; mais il faudra toujours que l'Anglais paye de son argent ou du crédit de sa Nation. Enfin s'il est possible que le Français n'ait acquis tant de graces & de goût qu'aux dépens de ses mœurs, il est encor très-possible que l'Anglais ait perdu les siennes, sans acquérir ni le goût ni les graces.

Quand on compare un Peuple du midi à un Peuple du nord, on n'a que des extrêmes à rapprocher : mais la France, sous sa zône tempérée, changeante dans ses manieres & ne pouvant se fixer elle-même, parvient pourtant à fixer tous les goûts. Les Peuples du nord viennent y chercher & trouver l'homme du midi, & les Peuples du midi y cherchent & y trouvent l'homme du nord. *Plas mi Cavalier Francès*, c'est le Chevalier Français qui me plaît, disoit, il y a huit cens ans, ce Frédéric I qui avoit vu toute l'Europe & qui étoit notre ennemi. Que devient maintenant le reproche si souvent fait au Français, qu'il n'a pas le caractère de l'Anglais ? Ne voudroit-on pas aussi qu'il parlât la même Langue ? La Nature en lui donnant la douceur d'un climat, ne pouvoit lui donner la rudesse d'un autre ; elle l'a fait l'homme de toutes les Nations, & son Gouvernement ne s'oppose point au vœu de la Nature.

J'avois d'abord établi que la parole & la pensée, le génie des Langues & le caractère des Peuples, se suivoient d'un même pas : je dois dire aussi que les Langues se mêlent entr'elles comme les Peuples ; qu'après avoir été obscures comme eux, elles s'élevent & s'annoblissent avec eux : une Langue pauvre ne fut jamais celle d'un Peuple riche. Mais si les Langues sont comme les Nations, il est encore très-vrai que les mots sont comme les hommes. Ceux qui ont dans la Société une Famille & des Alliances étendues, y ont aussi une plus grande consistance. C'est ainsi que les mots qui ont de nombreux dérivés & qui tiennent à beaucoup d'autres, sont les premiers mots d'une Langue & ne vieilliront jamais; tandis que ceux qui sont isolés, ou sans harmonie, tombent comme des hommes sans recommandation & sans appui. Pour achever le parallele, on peut dire que les uns & les autres ne valent qu'autant qu'ils sont à leur place. J'insiste sur cette analogie, afin de prouver combien le goût qu'on a dans l'Europe pour les Français, est inséparable de celui qu'on a pour leur Langue; & combien l'estime dont cette Langue jouit, est fondée sur celle qu'on fait de la Nation.

Voyons maintenant si le génie & les Ecrivains de la Langue Anglaise auroient pû lui donner cette universalité qu'elle n'a point obtenue du caractère & de la réputation du Peuple qui la parle. Opposons cette Langue à la nôtre, sa littérature à notre littérature, & justifions le choix de l'Univers.

S'il est vrai qu'il n'y eut jamais ni langage ni Peuple sans mélange, il n'est pas moins évident qu'après une conquête il faut du tems pour consolider le nouvel Etat, & pour bien fondre enſemble les idiomes & les familles des Vainqueurs & des Vaincus. Mais on eſt étonné quand on voit qu'il a fallu plus de mille ans à la Langue Française, pour arriver à ſa maturité. On ne l'eſt pas moins quand on ſonge à la prodigieuſe quantité d'Ecrivains qui ont fourmillé dans cette Langue depuis le cinquieme ſiecle juſqu'à la fin du ſeizieme, ſans compter ceux qui écrivoient en Latin. Quelques monumens qui s'élevent encore dans cette mer d'oubli, nous offrent autant de Français différens. Les changemens & les révolutions de la Langue étoient ſi bruſques, que le ſiecle où on vivoit diſpenſoit toujours de lire les ouvrages du ſiecle précédent. Les Auteurs ſe traduiſoient mutuellement de demi-ſiecle en demi-ſiecle, de patois en patois, de vers en proſe : & dans cette longue galerie d'Ecrivains, il ne s'en trouve pas un qui n'ait cru fermement que la Langue étoit arrivée pour lui à ſa derniere perfection. Paquier aſſuroit de ſon tems, qu'il ne s'y connoiſſoit pas, ou que Ronſard ayoit fixé la Langue Française.

A travers ſes variations, on voit cependant combien le caractère de la Nation influoit ſur elle : la conſtruction de la phraſe fut toujours directe & claire. La Langue Française n'eut donc que deux sortes de barbarie à combattre ; celle des mots & celle du mauvais goût de chaque siecle. Les Conquérans Français, en adoptant les expressions Celtes & Latines, les avoient marquées chacun à leur coin : on eut une Langue pauvre & décousue, où tout fut arbitraire, & le désordre régna dans la disette. Mais quand la Monarchie acquit plus de force & d'unité, il fallut refondre ces monnoies éparses & les réunir sous une empreinte générale, conforme d'un côté à leur origine, & de l'autre au génie même de la Nation ; ce qui leur donna une physionomie double : on se fit une Langue écrite & une Langue parlée, & ce divorce de l'orthographe & de la prononciation dure encore. Enfin le bon goût ne se développa tout entier que dans la perfection même de la Société : la maturité du Langage & celle de la Nation arriverent ensemble.

En effet, quand l'autorité publique est affermie, que les fortunes sont assurées, les priviléges confirmés, les droits éclaircis, les rangs assignés ; quand la Nation heureuse & respectée jouit de la gloire au dehors, de la paix & du commerce au dedans ; lorsque dans la Capitale un Peuple immense se mêle toujours sans jamais se confondre : alors on commence à distinguer autant de nuances dans le langage que dans la Société; la délicatesse des procédés amene celle des propos; les métaphores font plus justes, les comparaisons plus nobles, les plaisanteries plus fines; la parole étant le vêtement de la pensée, on veut des formes plus élégantes. C'est ce qui arriva aux premieres années du regne de Louis XIV. Le poids de l'Autorité Royale fit rentrer chacun à sa place: on connut mieux ses droits & ses plaisirs: l'oreille plus exercée exigea une prononciation plus douce: une foule d'objets nouveaux demanderent des expressions nouvelles: la Langue Française fournit à tout, & l'ordre s'établit dans l'abondance.

Il faut donc qu'une Langue s'agite jusqu'à ce qu'elle se repose dans son propre génie, & ce principe explique un fait assez extraordinaire. C'est qu'au treizieme & quatorzieme siecle, la Langue Française étoit plus près d'une certaine perfection, qu'elle ne le fut au seizieme. Ses élémens s'étoient déjà incorporés; ses mots étoient assez fixes, & la construction de ses phrases, directe & reguliere: il ne manquoit donc à cette Langue que d'être parlée dans un siecle plus heureux, & ce tems approchoit. Mais la renaissancé des Lettres la fit tout-à-coup rebrousser vers la barbarie. Une foule de Poëtes s'éleva dans son sein, tels que les Jodelle, les Baïfs & les Ronsard. Epris d'Homere & de Pindare, & n'ayant pas digéré ces grands modeles, ils s'imaginerent que la Nation s'étoit trompée jusques-là, & que la Langue Françaife auroit bientôt les beautés du Grec, si on y transportoit les mots composés, les diminutifs, les péjoratifs, & surtout la hardiesse des inversions, choses précisément opposées à son génie. Le Ciel fut *porte-flambeaux*, Jupiter *lance-tonnerre*; on eut des *agnelets doucelets*: on fit des vers sans rime, des hexamètres, des pentamètres; les métaphores basses ou gigantesques se cacherent sous un style entortillé: enfin ces Poëtes lâcherent le Grec tout pur, & de tout un siecle on ne s'entendit point dans notre Poésie. C'est sur leurs sublimes échasses que le burlesque se trouva naturellement monté, quand le bon goût vint à paroître.

A cette même époque les deux Reines Médicis donnoient une grande vogue à l'Italien, & les Courtisans tâchoient de l'introduire de toute part dans la Langue Françaife. Cette irruption du Grec & de l'Italien la troubla d'abord;

mais

mais, comme une liqueur déjà saturée, elle ne put recevoir ces nouveaux élémens : ils ne tenoient pas ; on les vit tomber d'eux-mêmes.

Les malheurs de la France sous les derniers Valois, retarderent la perfection du langage ; mais la fin du regne de Henri IV & celui de Louis XIII, ayant donné à la Nation l'avant-goût de son triomphe, la Poésie Française se montra d'abord sous les auspices de son propre génie. La prose plus sage ne s'en étoit pas écartée comme elle ; témoins Amiot, Montagne & Charon ; aussi pour la premiere fois peut-être, elle ramena la Poésie qui la devance toujours.

Il manque un trait à cette foible esquisse de la Langue Romance ou Gauloise. On est persuadé que nos Peres étoient tous naïfs ; que c'étoit un bienfait de leur tems & de leurs mœurs, & qu'il est encore attaché à leur langage : si bien que certains Auteurs l'empruntent aujourd'hui, afin d'être naïfs aussi. Ce sont des vieillards qui, ne pouvant parler en hommes, bégayent pour paroître enfans ; le naïf qui se dégrade, tombe dans le niais. Voici donc comment s'explique cette naïveté gauloise. Tous les Peuples ont le naturel ; il ne peut y avoir qu'un siecle très-avancé qui connoisse & sente le naïf. Celui que nous

C

trouvons & que nous sentons dans le style de nos Ancêtres, l'est devenu pour nous; il n'étoit pour eux que le naturel. C'est ainsi qu'on trouve tout naïf dans un enfant qui ne s'en doute pas. Chez les Peuples perfectionnés & corrompus, la pensée a toujours un voile, & la modération exilée des mœurs se réfugie dans le langage, ce qui le rend plus fin & plus piquant. Lorsque, par une heureuse absence de finesse & de précaution, la phrase montre la pensée toute nue, le naïf paroît. De même chez les Peuples vêtus, une nudité produit la pudeur : mais les Nations qui vont nues, sont chastes sans être pudiques, comme les Gaulois étoient naturels sans être naïfs. On pourroit ajoûter que ce qui nous fait sourire dans une expression antique, n'eut rien de plaisant dans son siecle ; & que telle épigramme chargée du sel d'un vieux mot, eût été fort innocente il y a deux cents ans. Il me semble donc qu'il est ridicule d'emprunter les livrées de la naïveté, quand on ne l'a pas elle-même : nos grands Ecrivains l'ont trouvée dans leur ame, sans quitter leur Langue ; & celui qui, pour être naïf, emprunte une phrase d'Amiot, demanderoit, pour être brave, l'armure de Bayard.

C'est une chose bien remarquable, qu'à quelque époque de notre Langue Française qu'on s'arrête, depuis sa plus obscure origine jusqu'à Louis XIII, & dans quelque imperfection qu'elle se trouve de siecle en siecle, elle ait toujours charmé l'Europe, autant que le malheur des tems l'a permis. Il faut donc que la France ait toujours eu une perfection relative & certains agrémens fondés sur sa position & sur l'heureuse humeur de ses habitans. L'Histoire qui confirme par-tout cette vérité, n'en dit pas autant de l'Angleterre.

Les Saxons l'ayant conquise, s'y établirent, & c'est de leur idiome & de l'ancien jargon du pays que se forma la Langue Anglaise, appellée *Anglo-Saxon*. Cette Langue fut abandonnée au Peuple, depuis la conquête de Guillaume jusqu'à Edouard III; intervalle pendant lequel la Cour & les Tribunaux d'Angleterre ne s'exprimerent qu'en Français. Mais enfin la jalousie nationale s'étant réveillée, on exila une Langue rivale que le génie Anglais repoussoit depuis long-temps. On sent bien que les deux Langues s'étoient mêlées malgré leur haine; mais il faut observer que les mots Français qui émigrerent en foule dans l'Anglais & qui se fondirent dans une prononciation & une Syntaxe nouvelle, ne furent pourtant pas défigutés : si notre oreille les méconnoît, nos yeux les retrouvent encore; tandis que les mots Latins qui entroient dans les différens jargons de l'Europe, furent toujours mutilés comme les obélisques & les statues qui tomboient entre les mains des Barbares. Cela vient de ce que les Latins ayant placé les nuances de la déclinaison & de la conjugaison dans les finales des mots, nos Ancêtres qui avoient leurs Articles, leurs Pronoms & leurs Verbes Auxiliaires, tronquerent ces finales qui leur étoient inutiles, & qui défiguroient le mot à leurs yeux. Mais dans les emprunts que les Langues modernes se font entr'elles, le mot ne s'altère que dans la prononciation.

Pendant un espace de quatre cents ans, je ne trouve en Angleterre que Chaucer & Spencer. Le premier mérita, vers le milieu du quinzieme siecle, d'être appellé l'Homere Anglais : notre Ronsard le mérita de même; & Chaucer, aussi obscur que lui, fut encore moins connu. De Chaucer jusqu'à Shakespéare & Milton, rien ne transpire dans cette Isle célebre, & sa littérature ne vaut pas un coup-d'œil.

Me voilà tout-à-coup revenu à l'époque où j'ai laissé la Langue Française. La paix de Vervins avoit appris à l'Europe sa véritable position; on vit chaque Etat se placer à son rang. L'Angleterre brilla pour un moment de l'éclat d'Elisabeth & de Cromwel, & ne sortit pas du pédantisme: l'Espagne épuisée ne put cacher sa foiblesse ; mais la France montra toute sa force, & les Lettres commencerent sa gloire.

Si Ronsard avoit bâti des chaumieres avec des tronçons de colonnes Grecques, Malherbe éleva le premier des monumens Nationaux. Richelieu qui affectoit toutes les grandeurs, abaissoit d'une main la Maison d'Autriche, & de l'autre attiroit à lui le jeune Corneille, en l'honorant de sa jalousie. Il fondoit avec lui ce Théâtre, où son Collégue régna seul. Pressentant les accroissemens & l'empire de la Langue, il lui créoit un Tribunal, afin de devenir par elle le Législateur des Nations. A cette époque, une foule de génies vigoureux entrerent à la fois dans la Langue Française, & lui firent parcourir rapidement tous ses périodes, de Voiture jusqu'à Pascal, & de Racan jusqu'à Boileau.

Cependant l'Angleterre n'avoit secoué ses fers, que pour les reprendre encore, & Charles II étoit paisiblement assis sur un Trône teint du sang de son Pere. Shakespéare avoit paru ; mais son nom & sa gloire ne devoient passer les

C iij

mers que deux siecles après : il n'étoit pas alors, comme il l'a été depuis, l'Idole de sa Nation & le scandale de notre Littérature. Son génie agreste & populaire déplaisoit au Prince & aux Courtisans. Milton qui le suivit, mourut inconnu : sa personne étoit odieuse ; le titre de son Poëme rebuta : on n'entendit pas des vers durs, hérissés de termes techniques, sans rime & sans harmonie, & l'Angleterre apprit un peu tard qu'elle possédoit un Poëme épique. Il y avoit pourtant de beaux esprits & des Poëtes à la Cour de Charles : Congreve, Rochester, Hamilton, Waller y brilloient, & Shaftersbury hâtoit les progrès de la pensée, en épurant la prose Anglaise. Cette foible aurore se perdit tout à-coup dans l'éclat du siecle de Louis XIV : les beaux jours de la France étoient arrivés.

Il y eut un admirable concours de circonstances. Les grandes découvertes qui s'étoient faites depuis cent cinquante ans dans le monde, avoient donné à l'Esprit humain une impulsion que rien ne pouvoit plus arrêter ; & cette impulsion tendoit vers la France. Paris fixa les idées flottantes de l'Europe, & devint le foyer des étincelles répandues chez tous les Peuples. L'imagination de Descartes régna dans la philosophie, la raison de Boileau dans les vers ; Bayle plaça le doute aux pieds de la vérité, Bossuet la mit elle-même aux pieds des Rois, & nous comptâmes autant de genres d'éloquence que de Grands-hommes. Notre Théâtre sur-tout achevoit l'éducation de l'Europe : c'est-là que le grand Condé pleuroit aux vers du grand Corneille, & que Racine corrigeoit Louis XIV. Rome toute entiere parut sur la Scène Françaife, & les passions parlerent leur langage. Nous eûmes & ce Moliere plus comique que les Grecs, & le Télémaque plus antique que les ouvrages des Anciens, & ce Lafontaine qui ne donnant pas à la Langue des formes si pures, lui prêtoit des beautés plus incommunicables. Nos livres rapidement traduits en Europe & même en Asie, devinrent les livres de tous les pays, de tous les goûts & de tous les âges. La Grèce vaincue sur le Théâtre, le fut encore dans des Piéces fugitives qui volerent de bouche en bouche & donnerent des ailes à la Langue Françaife. Les premiers Journaux qu'on vit circuler en Europe, étoient Français, & ne racontoient que nos victoires & nos chefs-d'œuvres. C'est de nos Académies qu'on s'entretenoit, & la Langue s'étendoit par leurs correspondances. On ne parloit enfin que de l'esprit & des graces françaises; tout se faisoit au nom de la France, & notre réputation s'accroissoit de notre réputation.

Aux productions de l'esprit se joignoient encore celles de l'industrie : des pompons & des modes accompagnoient nos meilleurs livres chez l'Etranger, parce qu'on vouloit être par-tout raisonnable & frivole comme en France. Il arriva donc que nos voisins recevant sans cesse des meubles, des étoffes & des modes qui se renouvelloient sans cesse, manquerent de termes pour les exprimer: ils furent comme accablés sous l'exubérance de l'industrie française ; si bien qu'il prit comme une impatience générale à l'Europe, & pour n'être plus séparé de nous, on étudia notre Langue de tout côté.

Depuis cette explosion, la France a continué de donner un Théâtre, des habits, du goût, des manieres, une Langue, un nouvel art de vivre & des jouissances inconnues aux Etats qui l'entourent; sorte d'empire qu'aucun peuple, je sache, n'a jamais exercé. Et comparez-lui, je vous prie, celui des Romains qui semerent par-tout leur langue & l'esclavage, s'engraisserent de sang, & détruisirent jusqu'à ce qu'ils fussent détruits !

On a beaucoup parlé de Louis XIV, je n'en dirai qu'un mot. Il n'avoit ni le génie d'Alexandre, ni la puissance & l'esprit d'Auguste; mais pour avoir fû régner, pour avoir connu l'art d'accorder ce coup-d'œil, ces foibles récompenses dont le talent veut bien fe payer, Louis XIV marche dans l'histoire de l'esprit humain, à côté d'Auguste & d'Alexandre. Il fut le véritable Apollon du Parnasse Français: les Poëmes, les Tableaux, les Marbres ne respirerent que pour lui. Ce qu'un autre eût fait par politique, il le fit par goût. Il avoit de la grace; il aimoit la gloire & les plaisirs; & je ne sais quelle tournure romanesque qu'il eut dans sa jeunesse, remplit les Français d'un enthousiasme qui gagna toute l'Europe. Il fallut voir ses bâtiments & ses fêtes, & souvent la curiosité des Etrangers soudoya la vanité française. En fondant à Rome une colonie de Peintres & de Sculpteurs, il faisoit signer à la France une Alliance perpétuelle avec les Arts. Quelquefois son humeur magnifique alloit avertir les Princes étrangers du mérite d'un Savant ou d'un Artiste caché dans leurs Etats, & il en faisoit l'honorable conquête. Notre Langue domina comme lui dans tous les Traités; & quand il cessa de dicter des Loix, elle garda si bien l'empire qu'elle avoit acquis; que ce fut dans cette même Langue, organe de son ancien despotisme, que ce Prince fut humilié vers la fin de ses jours. Ses prospérités, ses fautes & ses malheurs servirent également à la Langue: elle s'enrichit à la révocation de l'Edit de Nantes, de tout ce que perdoit l'État. Les Réfugiés emporterent dans le Nord leur haine pour le Prince & leurs regrets pour la patrie, & ces regrets & cette haine s'éxhalerent en français.

Il semble que c'est vers la fin du regne de Louis XIV que le Royaume se trouva à son plus haut point de grandeur relative. L'Allemagne avoit des Princes nuls, l'Espagne étoit divisée & languissante, l'Italie avoit tout à craindre, l'Angleterre & l'Ecosse n'étoient pas encore unies, la Prusse & la Russie n'éxistoient pas. Aussi l'heureuse France, profitant de ce silence de tous les Peuples, triompha dans la paix; dans la guerre & dans les arts: elle occupa le monde de ses projets, de ses entreprises & de sa gloire; pendant près d'un siecle, elle donna à ses Rivaux & les jalousies littéraires & les allarmes politiques & la fatigue de l'admiration. Enfin l'Europe lasse d'admirer & d'envier, voulut imiter : c'étoit un nouvel hommage. Des essaims d'ouvriers entrerent en France & en rapporterent notre Langue & nos Arts qu'ils propagerent.

Vers la fin du siecle, quelques ombres se mêlerent à tant d'éclat ; Louis XIV vieillissant n'étoit plus heureux. L'Angleterre se dégagea des rayons de la France & brilla de sa propre lumiere ; de grands esprits s'éleverent dans son sein : sa Langue s'étoit enrichie, comme son commerce, de la dépouille des Nations ; Pope, Adisson & Dryden en adoucirent les sifflements, & l'Anglais fut, sous leur plume, l'Italien du Nord : l'enthousiasme pour Shakespéare & Milton se réveilla ; & cependant Loke posoit les bornes de l'esprit humain, Newton trouvoit celles de la Nature.

Aux yeux du Sage, l'Angleterre s'honoroit autant par la philosophie, que nous par les arts ; mais puisqu'il faut le dire, la place étoit prise : l'Europe ne pouvoit donner deux fois le droit d'aînesse & nous l'avions obtenu ; de sorte que tant de Grands-hommes, en travaillant pour leur gloire, illustrerent leur patrie & l'humanité, plus encore que leur Langue.

Suppofons cependant que l'Angleterre eût été moins lente à fortir de la barbarie, & qu'elle eût précédé la France; il me femble que l'Europe n'en auroit pas mieux adopté fa Langue; fa pofition n'appelle pas les voyageurs, & la France leur fert toujours de terme ou de paffage. L'Angleterre vient elle-même faire fon commerce chez les différens peuples, & on ne va point commercer chez elle. Or, celui qui voyage, ne donne pas fa Langue; il prend plutôt celle des autres : c'eft prefque fans fortir de chez lui que le Français a étendu la fienne.

Suppofons enfin que par fa pofition, l'Angleterre ne fe trouvât pas reléguée dans l'Océan, & qu'elle eût attiré fes voifins; il eft encore probable que fa langue & fa littérature n'auroient pu fixer le choix de l'Europe; car il n'eft point d'objection un peu forte contre la Langue Allemande, qui n'ait encore de la force contre celle des Anglais; les défauts de la mere ont paffé jufqu'à la fille. Il eft vrai auffi que les objections contre la Littérature Anglaife, deviennent plus terribles contre celle des Allemands : ces deux peuples s'excluent l'un par l'autre.

Quoi qu'il en soit, l'événement a démontré que la Langue Latine étant la vieille souche, la Langue de nos vainqueurs & de nos peres, c'est un de ses rejettons qui devoit fleurir en Europe. On peut dire en outre que si l'Anglais a l'audace des Langues à inversions, il en a l'obscurité, & que sa syntaxe est si bizarre, que la regle y a quelquefois moins d'applications que d'exceptions. On lui trouve des formes serviles qui étonnent dans la Langue d'un peuple libre, & la rendent moins propre à la conversation que la Langue Française, dont la marche est si leste & si débarrassée. Ceci vient de ce que les Anglais ont passé du plus extrême esclavage à la plus haute liberté politique ; & que nous sommes arrivés d'une liberté presque démocratique, à une Monarchie absolue. Les deux Nations ont gardé les livrées de leur ancien état, & c'est ainsi que les Langues sont les vraies médailles de l'histoire. Enfin la prononciation de cette langue, n'a ni la fermeté ni la plénitude de la nôtre.

J'avoue que la Littérature Anglaise offre des monuments de profondeur & d'élévation qui seront l'éternel honneur de l'esprit-humain : & cependant leurs livres ne sont pas devenus les livres de tous les hommes ; ils n'ont pas quitté certaines mains ; il a fallu des essais & de la précaution pour n'être pas rebuté de l'écorce & du goût étranger. Accoutumé au crédit immense qu'il a dans les affaires, l'Anglais veut porter cette puissance fictive dans les lettres, & sa littérature en a contracté un caractère d'exagération opposé au bon goût : elle se sent trop de l'isolation du peuple & de l'Ecrivain ; c'est avec une ou deux sensations que quelques Anglais ont fait un livre. Le désordre leur a plû, comme si l'ordre leur eût semblé trop près de je ne sais quelle servitude : aussi leurs ouvrages qui donnent le travail & le fruit, ne donnent pas le charme de la lecture.

Mais le Français ayant reçu des impressions de tous les points de l'Europe, a placé le goût dans les opinions modérées, & ses livres composent la bibliotéque du genre-humain. Comme les Grecs, nous avons eû toujours dans le Temple de la Gloire, un autel pour les Graces, & nos Rivaux les ont trop oubliées. On peut dire par supposition, que si le monde finissoit tout-à-coup, pour faire place à un monde nouveau, ce n'est point un excellent livre Anglais, mais un excellent livre Français qu'il faudroit lui léguer, afin de lui donner de notre espèce humaine une idée plus heureuse. A richesse égale, il faut que la séche raison cède le pas à la raison ornée.

Ce n'est point l'aveugle amour de la Patrie ni le préjugé national qui m'ont conduit dans ce rapprochement des deux Peuples ; c'est la nature & l'évidence des faits. Eh ! quelle est la Nation qui loue plus franchement que nous ? N'est-ce pas la France qui a tiré la Littérature Anglaise du fond de son Isle ? N'est-ce pas Voltaire qui a présenté Loke & Newton à l'Europe ? Nous sommes les seuls qui imitions les Anglais ; & quand nous sommes las de notre goût, nous y mêlons leurs caprices : nous faisons entrer un meuble, un habit à l'Anglaise dans l'immense tourbillon des nôtres, comme une mode possible ; & le monde l'adopte, au sortir de nos mains. Il n'en est pas ainsi de l'Angleterre ; quand les Peuples du nord ont aimé la Nation Française, imité ses manieres, exalté ses ouvrages, les Anglais se sont tûs ; & ce concert de toutes les voix a été troublé par leur silence.

Il me reste à prouver que si la Langue Française a conquis l'empire par les livres, par l'humeur & par l'heureuse position du Peuple qui la parle, elle le conserve par son propre génie.

Ce qui distingue notre Langue des anciennes & des modernes, c'est l'ordre & la construction de la phrase. Cet ordre doit toujours être direct & nécessairement clair. Le Français nomme d'abord le *sujet* de la phrase, ensuite le *verbe*, qui est l'action, & enfin *l'objet* de cette action : voilà la Logique naturelle à tous les hommes ; voilà ce qui constitue le sens commun. Or, cet ordre si favorable, si nécessaire au raisonnement, est presque toujours contraire aux sensations, qui nomment le premier l'objet qui frappe le premier : c'est pourquoi tous les Peuples, abandonnant l'ordre direct, ont eu recours aux tournures plus ou moins hardies, selon que leurs sensations ou l'harmonie des mots l'exigeoient ; & l'inversion a prévalu sur la terre ; parce que l'homme est plus impérieusement gouverné par les passions que par la raison.

Le Français, par un privilége unique, est seul resté fidele à l'ordre direct, comme s'il étoit toute raison ; & on a beau, par les mouvemens les plus variés & toutes les ressources du style, déguiser cet ordre, il faut toujours qu'il existe : & c'est en vain que les passions
nous

nous bouleverfent & nous follicitent de fuivre l'ordre des fenfations ; la Syntaxe françaife eft incorruptible. C'eft de-là que réfulte cette admirable clarté, bafe éternelle de notre Langue : ce qui n'eft pas clair n'eft pas français ; ce qui n'eft pas clair eft encore anglais, italien, grec ou latin. Pour apprendre les Langues à inverfions, il fuffit de connoître les mots & leurs régimes ; pour apprendre la Langue Françaife, il faut encore retenir l'arrangement des mots. On diroit que c'eft d'une Géométrie toute élémentaire, de la fimple ligne droite que s'eft formée la Langue Françaife ; & que ce font les courbes & leurs variétés infinies qui ont préfidé aux Langues Grecque & Latine. La nôtre regle & conduit la penfée ; celles-là fe précipitent & s'égarent avec elle dans le labyrinthe des fenfations, & fuivent tous les caprices de l'harmonie : auffi furent-elles merveilleufes pour les Oracles, & la nôtre les eût abfolument décriés.

Il eft arrivé de-là que la Langue Françaife a été moins propre à la Mufique & aux Vers qu'aucune Langue ancienne ou moderne : car cés deux Arts vivent de fenfations ; la Mufique fur-tout, dont la propriété eft de donner de

D

la force à des paroles fans couleur & d'affoiblir les penfées fortes : preuve inconteftable qu'elle eft elle-même une Langue à part, & qu'elle repouffe tout ce qui veut partager les fenfations avec elle. Qu'Orphée redife fans ceffe : *J'ai perdu mon Euridice*, la fenfation grammaticale d'une phrafe tant répétée fera bientôt nulle, & la fenfation muficale ira toujours croiffant. Et ce n'eft point, comme on l'a dit, parce que les mots Français ne font pas fonores, que la Mufique les repouffe ; c'eft parce qu'ils offrent l'ordre & la fuite, quand le chant demande le défordre & l'abandon. La Mufique doit bercer l'ame dans le vague & ne lui préfenter que des motifs : Malheur à celle dont on dira qu'elle a tout défini !

Mais fi la rigide conftruction de la phrafe gêne la marche du Muficien, l'imagination du Poëte eft encore arrêtée par le génie circonfpect de la Langue. Les métaphores des Poëtes étrangers ont toujours un degré de plus que les nôtres ; ils ferrent le ftyle figuré de plus près, & leur poéfie eft plus haute en couleur. Il eft généralement vrai que les figures orientales étoient folles ; que celles des Grecs & des Latins ont été hardies, & que les nôtres sont simplement justes. Il faut donc que le Poëte Français plaise par la pensée, par une élégance continue, par des mouvemens heureux, par des alliances de mots. C'est ainsi que les Maîtres n'ont pas laissé de cacher de grandes hardiesses dans le tissu d'un style clair & sage ; & c'est de l'artifice avec lequel ils ont su déguiser leur fidélité au génie de leur Langue, que résulte tout le charme de leur style. Ce qui fait croire que la Langue Française, sobre & timide, eût été peut-être la derniere des Langues, si la masse de ses grands Ecrivains ne l'eût poussée au premier rang, en forçant son naturel.

Un des plus grands problèmes qu'on puisse proposer aux hommes, est cette constance de l'ordre régulier dans notre Langue. Je conçois bien que les Grecs & même les Latins, ayant donné une famille à chaque mot & de riches modifications à leurs finales, ont pu se livrer aux plus hardies tournures pour obéir aux impressions qu'ils recevoient des objets : tandis que dans nos Langues modernes l'embarras des conjugaisons & l'attirail des articles ; la présence d'un nom mal apparenté ou d'un verbe défectueux, nous fait tenir sur nos gardes, pour éviter l'obscurité. Mais pourquoi, entre les Langues modernes, la nôtre s'est-elle trouvée seule si rigoureusement asservie à l'ordre direct ? Seroit-il vrai que par son caractère la Nation Française eût souverainement besoin de clarté ?

Tous les hommes ont ce besoin sans doute ; & je ne croirai jamais que dans Athènes & dans Rome les gens du Peuple ayent usé d'inversions. On voit au contraire leurs plus grands Ecrivains se plaindre de l'abus qu'on en faisoit en vers & en prose. Ils sentoient que l'inversion étoit l'unique source des difficultés & des équivoques dont leurs Langues fourmillent ; parce qu'une fois l'ordre du raisonnement sacrifié, l'oreille & l'imagination, ce qu'il y a de plus capricieux dans l'homme, restent maîtresses du discours. Aussi, quand on lit Démétrius de Phalere, on est frappé des éloges qu'il donne à Thucydide, pour avoir débuté dans son Histoire, par une phrase de construction toute Française. Cette phrase étoit élégante & directe à la fois ; ce qui arrivoit rarement : car toute Langue accoutumée à la licence des inversions, ne peut plus porter le joug de l'ordre, sans perdre sa grace & sa fierté.

Mais la Langue Française ayant la clarté par excellence, a dû chercher toute son élégance

& fa force dans l'ordre direct ; cet ordre & cette clarté ont dû sur-tout dominer dans la profe, & la profe a dû lui donner l'empire ; cette marche eft dans la nature : rien n'eft en effet comparable à la profe Françaife.

Il y a des piéges & des furprifes dans les Langues à inverfions : le Lecteur refte fufpendu dans une phrafe Latine, comme le Voyageur devant des routes qui fe croifent ; il attend que toutes les finales l'ayent averti de la correfpondance des mots ; fon oreille reçoit ; & fon efprit, qui n'a ceffé de décompofer pour compofer encore, réfout enfin le fens de la phrafe, comme un problême. La profe Françaife fe développe en marchant & fe déroule avec grace & nobleffe. Toujours fûre de la conftruction de fes phrafes, elle entre avec plus de bonheur dans la difcuffion des chofes abftraites, & fa fageffe donne de la confiance à la penfée. Les Philofophes l'ont adoptée, parce qu'elle s'accommode également, & de la frugalité didactique, & de la magnificence qui convient à la grande hiftoire de la Nature.

On ne dit rien en vers qu'on ne puiffe auffi-bien exprimer dans notre profe ; & cela n'eft pas toujours réciproque. Le Profateur tient plus étroitement sa pensée & la conduit par le plus court chemin ; tandis que le Versificateur laisse flotter les rênes, & va où la rime le pousse. Notre prose s'enrichit de tous les trésors de la poésie ; elle poursuit le vers dans toutes ses hauteurs, & ne laisse entr'elle & lui que la rime. Etant donnée à tous les hommes, elle a plus de juges que la versification, & sa difficulté se cache sous une extrême facilité. Le Versificateur enfle sa voix, s'arme de la rime & de la mesure, & tire sa pensée du sentier vulgaire : mais que de foiblesses ne cache pas l'art des vers ! La prose accuse le nud de la pensée ; il n'est pas permis d'être foible avec elle. Selon Denis d'Halycarnasse, il y a une prose qui vaut mieux que les meilleurs vers, & c'est elle qui fait lire les grands ouvrages ; parce que la variété de ses périodes lasse moins que le charme continu de la rime & de la mesure. Et qu'on ne croye pas que je veuille par-là dégrader les beaux vers ; ainsi que la Musique, ils sont un véritable présent de la Nature. L'éloquence a plus d'une route, & l'éloquence en vers est admirable ; mais leur méchanisme fatigue, sans offrir à l'esprit des tournures plus hardies : dans notre Langue sur-tout, où les vers semblent être les débris de la prose qui les a précédés ; tandis que chez les Grecs, sauvages plus harmonieusement organisés que nos Ancêtres, les vers & les Dieux regnerent long-tems avant la prose & les Rois. Aussi peut-on dire que leur Langue fut long-tems chantée avant d'être parlée ; & la nôtre, à jamais dénuée de prosodie, ne s'est dégagée qu'avec peine de ses articulations rocailleuses. De-là nous est venue cette rime, tant reprochée à la versification moderne, & pourtant si nécessaire, pour lui donner cet air de chant qui la distingue de la prose. Car la Musique est cachée dans le langage, comme la danse dans la marche ordinaire, & c'est la rime, la mesure & l'harmonie imitative qui développent cette partie musicale des Langues. Au reste, les Anciens n'eurent-ils pas la rime des mesures comme nous celle des sons ; & n'est-ce pas ainsi que tous les Arts ont leurs rimes, qui sont les symétries ? Un jour, cette rime des modernes, si fatiguante pour l'oreille, aura de grands avantages pour la postérité : car il s'élevera des Saumaises qui compileront laborieusement toutes celles des Langues mortes ; & comme il n'y a presque pas un mot qui n'ait passé par la rime, ils fixeront par-là une sorte de prononciation semblable à la nôtre ; ainsi que par les loix de la mesure, nous avons fixé la valeur

D iv

des syllabes chez les Grecs & les Latins.

Quoi qu'il en soit de la prose & des vers Français, quand cette Langue traduit, elle explique véritablement un Auteur. Mais les Langues Italienne & Anglaise, abusant de leurs inversions, se jettent dans tous les moules que le texte leur présente : elles se calquent sur lui, & rendent difficulté pour difficulté : je n'en veux pour preuve que Davanzati. Quand le sens de Tacite se perd, comme un fleuve qui disparoît tout-à-coup sous la terre, le Traducteur s'y plonge & se dérobe avec lui. On les voit ensuite reparoître ensemble : ils ne se quittent pas l'un l'autre ; mais le Lecteur les perd souvent tous deux.

La prononciation de la Langue Française porte l'empreinte de son caractère : elle est plus variée que celle des Langues du midi, mais moins éclatante ; elle est plus douce que celle des Langues du nord, parce qu'elle n'articule pas toutes ses lettres. Le son de l'e muet, toujours semblable à la derniere vibration des corps sonores, lui donne une harmonie légère qui n'est qu'à elle.

En considérant la Langue Latine comme la grosse planette, & les Langues d'Europe comme ses satellites, la nôtre paroît être à une distance plus heureuse, & sa température tient au rang qu'elle occupe.

Si on ne lui trouve pas les diminutifs & les mignardises de la Langue Italienne, son allure en est plus mâle ; dégagée de tous les protocoles que la bassesse inventa pour la vanité, elle en est plus faite pour la conversation, lien des hommes & charme de tous les âges ; & puisqu'il faut le dire, elle est de toutes les Langues, la seule qui ait une probité attachée à son génie. Sûre, sociale, raisonnable, ce n'est plus la Langue Française, c'est la Langue humaine. Et voilà pourquoi les Puissances l'ont appellée dans leurs Traités : elle y règne depuis les conférences de Nimègue, & désormais les intérêts des peuples & les volontés des Rois reposeront sur une base plus fixe ; on ne sèmera plus la guerre dans des paroles de paix.

Aristippe ayant fait naufrage, aborda à une Isle inconnue ; & voyant des figures de géométrie tracées sur le rivage, il s'écria, que les Dieux ne l'avoient pas conduit chez des Barbares. Quand on arrive chez un peuple, & qu'on y ttrouve la Langue Française, on peut se croire chez un peuple poli.

Léibnitz cherchoit une Langue universelle,

& nous l'établiffions autour de lui. Ce grand-homme fentoit que la multitude des Langues étoit fatale au génie, & prenoit trop fur la briéveté de la vie. Il eft bon de ne pas donner trop de vêtemens à fa penfée : il faut, pour ainfi dire, voyager dans les Langues ; & après avoir favouré le goût des plus célébres, fe renfermer dans la fienne.

Si nous avions les littératures de tous les peuples paffés, comme nous avons celle des Grecs & des Romains, ne faudroit-il pas que tant de Langues fe réfugiaffent dans une feule par la traduction ? Ce fera vraifemblablement le fort des Langues modernes ; & la nôtre leur offre un port dans le naufrage. L'Europe préfente une République fédérative, compofée d'Empires & de Royaumes, & la plus redoutable qui ait jamais exifté ; on ne peut en prévoir la fin, & cependant la Langue Française doit encore lui furvivre. Les Etats fe renverferont, & cette Langue fera toujours retenue dans la tempête par deux ancres, fa littérature & fa clarté : jufqu'au moment où, par une de ces grandes révolutions qui remettent les chofes à leur premier point, la nature vienne renouveller fes traités avec un autre genre-humain.

Mais sans attendre l'effort des siecles, cette Langue ne peut-elle pas se corrompre ? Une telle question méneroit trop loin : il faut seulement soumettre la Langue Française au principe commun à toutes les Langues.

Le langage est la peinture de nos idées, qui à leur tour sont des images plus ou moins étendues de quelques parties de la nature. Comme il existe deux mondes pour chaque homme en particulier, l'un hors de lui, qui est le monde physique, & l'autre, le monde moral ou intellectuel qu'il porte dans soi ; il y a aussi deux styles dans le langage, le naturel & le figuré. Le premier exprime ce qui se passe hors de nous, par des causes physiques ; il compose le fond des Langues, s'étend par l'expérience, & peut être aussi grand que la nature. Le second exprime ce qui se passe dans nous & hors de nous ; mais c'est l'imagination qui le compose des emprunts qu'elle fait au premier. *Le soleil brûle ; le marbre est froid ; l'homme désire la gloire* ; voilà le langage propre, ou naturel. *Le cœur brûle de desir ; la crainte le glace ; la terre demande la pluie* ; voilà le style figuré, qui n'est que le simulacre de l'autre & qui double ainsi la richesse des Langues. Comme il tient à l'idéal, il paroît plus grand que la nature.

L'homme le plus dépourvu d'imagination, ne parle pas long-temps sans tomber dans la métaphore. Or, c'est ce style métaphorique qui porte un germe de corruption ; le style naturel ne peut être que vrai ; & quand il est faux, l'erreur est de fait, & nos sens la corrigent tôt ou tard. Mais les erreurs dans les figures ou dans les métaphores, annoncent de la fausseté dans l'esprit, & un amour de l'exagération qui ne se corrige pas.

Une Langue vient donc à se corrompre, lorsque confondant les limites qui séparent le style naturel du figuré, on met de l'affectation à outrer les figures & à rétrécir le naturel qui est la base, pour charger d'ornements superflus l'édifice de l'imagination. Par exemple, il n'est point d'art ou de profession dans la vie, qui n'ait fourni des expressions figurées au langage : on dit, *la trame de la perfidie ; le creuset du malheur ;* & on voit que ces expressions sont comme assises à la porte de chaque profession & s'offrent à tous les yeux. Mais quand on veut aller plus avant & qu'on dit, *cette vertu qui sort du creuset, n'a pas perdu tout son alliage* ; *il lui faut plus de cuisson* : lorsqu'on passe de la trame de la perfidie *à la navette de la fourberie*, on tombe dans l'affectation.

C'est ce défaut qui perd les Ecrivains des Nations avancées ; ils veulent être neufs, & ne font que bizarres ; ils tourmentent leur Langue, pour que l'expression leur donne la pensée, & c'est pourtant celle-ci qui doit toujours amener l'autre. Ajoutons qu'il y a une seconde espèce de corruption, mais qui n'est pas à craindre pour la Langue Française : c'est la bassesse des figures. Ronsard disoit, *le soleil perruqué de lumiere* ; *la voile s'enfle à plein ventre*. Ce défaut précede la maturité des Langues, & disparoît avec la politesse.

Par toutes les expressions dont les arts & les métiers ont enrichi les Langues, il semble qu'elles ont peu d'obligations aux Gens de la Cour & du monde : mais si c'est la partie laborieuse d'une Nation qui crée, c'est la partie oisive qui choisit & qui regne. Le travail & le repos sont pour l'une ; le repos & le plaisir pour l'autre. C'est au goût dédaigneux, c'est à l'ennui d'un peuple d'oisifs que l'art a dû ses progrès & ses finesses. On sent en effet que tout est bon pour l'homme de Cabinet & de travail, qui ne cherche le soir qu'un délassement dans les spectacles & les chef-d'œuvres des arts; mais pour des ames excédées de plaisirs & lasses de repos, il faut sans cesse des attitudes nouvelles & des sensations toujours plus exquises. Et c'est ici le lieu d'examiner ce reproche de pauvreté & d'extrême délicatesse, si souvent fait à la Langue Française. Sans doute, il est difficile d'y tout exprimer avec noblesse; mais voilà précisément ce qui constitue en quelque sorte son caractère. Les styles sont classés dans notre Langue, comme les sujets dans notre Monarchie : deux expressions qui conviennent à la même chose, ne conviennent pas au même état des choses ; & c'est à travers cette hiérarchie des styles que le bon goût fait marcher. On peut ranger nos grands Ecrivains en deux classes : les premiers, tels que Racine ou Boileau, doivent tout à un grand goût & à un travail obstiné ; ils parlent un langage parfait dans ses formes, sans mélange, toujours idéal, toujours étranger au peuple qui les environne : ils deviennent les Ecrivains de tous les tems, & perdent bien peu dans la postérité. Les seconds, nés avec plus d'originalité, tels que

Moliere ou Lafontaine, revêtent leurs idées de toutes les formes populaires; mais avec tant de sel, de goût & de vivacité, qu'ils sont à la fois les modeles & les répertoires de leur Langue. Cependant leurs couleurs plus locales s'effacent à la longue; le charme du style mêlé s'affadit ou se perd, & ils ne sont pour la postérité qui ne peut les traduire, que les Ecrivains de leur Nation. Il seroit donc aussi injuste de juger de l'abondance de notre Langue par le Télémaque ou Cinna seulement, que de la population de la France par le petit nombre appellé, *la bonne compagnie.*

J'aurois encore pu examiner jusqu'à quel point & par combien de nuances, les Langues passent & se dégradent en suivant le déclin des États. Mais il suffit de dire, qu'après s'être élevées d'époque en époque, jusqu'à la perfection, c'est en vain qu'elles en descendent: elles y sont fixées par les bons livres, & c'est en devenant Langues mortes, qu'elles se font réellement immortelles. Le mauvais Latin du bas Empire n'a-t-il pas donné un nouveau lustre à la belle latinité du siecle d'Auguste? Les grands Ecrivains ont tout fait: si notre France cessoit d'en produire, la Langue de

Racine & de Voltaire deviendroit une Langue morte; & si les Esquimaux nous offroient tout-à-coup douze Ecrivains du premier ordre, il faudroit bien que les regards de l'Europe se tournassent vers cette littérature des Esquimaux.

Terminons, il est tems, l'histoire déjà trop longue de la Langue Française. Le choix de l'Europe est expliqué & justifié; voyons d'un coup-d'œil, comment, sous le règne de Louis XV, il a été confirmé, & se confirme encore de jour en jour.

Louis XIV se survivant à lui-même, voyoit commencer un autre siecle; & la France n'avoit respiré qu'un moment. La philosophie anglaise ne put résister à son voisinage; elle passa les mers, & Fontenelle en la combattant la fit aimer à l'Europe. Astre doux & paisible, il régna pendant le crépuscule qui sépara les deux regnes. Son style clair & familier s'exerçoit sur des objets profonds, & nous déguisoit notre ignorance. Montesquieu vint ensuite montrer aux hommes les droits des uns & les usurpations des autres, le bonheur possible & le malheur réel. Pour écrire l'histoire grande & calme de la Nature, Buffon emprunta ses couleurs & sa majesté : pour en

fixer

fixer les époques, il se transporta dans des tems qui n'ont point existé pour l'homme, & là son imagination rassembla plus de faits que l'Histoire n'en a depuis gravés dans ses Annales ; de sorte que ce qu'on appelloit le commencement du monde, & qui touchoit pour nous aux ténèbres d'une éternité antérieure, se trouve placé par lui entre deux suites d'événemens, comme entre deux foyers de lumiere. Désormais l'histoire de la terre précedera celle de ses habitants.

Par-tout on voyoit la philosophie mêler ses fruits aux fleurs de la littérature, & l'Encyclopédie étoit annoncée. C'est l'Angleterre qui avoit tracé ce vaste bassin où doivent se rendre les diverses branches de nos connoissances ; mais il fut creusé par des mains Françaises : l'éclat de cette entreprise rejaillit sur la Nation & couvrit le malheur de nos armes. En même tems un Roi du Nord faisoit à notre Langue, l'honneur que Marc-Aurèle & Julien firent à celle des Grecs : il associoit son immortalité à la nôtre ; Fréderic voulut être loué des Français, comme Alexandre des Athéniens. Au sein de tant de gloire, parut le Philosophe de Genève. Ce que la morale avoit jus-

E

qu'ici enseigné aux hommes, il le commanda, & son impérieuse éloquence fut écoutée. Raynal donnoit enfin aux deux mondes le Livre où sont pesés les crimes de l'un & les malheurs de l'autre. C'est-là que les Puissances de l'Europe sont appellées tour-à-tour, au tribunal de l'Humanité, pour y frémir des barbaries exercées en Amérique ; au tribunal de la Philosophie, pour y rougir des préjugés qu'elles laissent encore aux Nations ; au tribunal de la Politique, pour y entendre leurs véritables intérêts fondés sur le bonheur des peuples.

Mais Voltaire régnoit depuis un siecle, & ne donnoit pas à la France le tems de se reposer. L'infatigable mobilité de son ame de feu l'avoit appellé à l'histoire fugitive des hommes. Il attacha son nom à toutes les découvertes, à tous les événements, à toutes les révolutions de son tems, & la renommée s'accoutuma à ne plus parler sans lui. Ayant caché le despotisme du génie sous des graces toujours nouvelles, il devint une Puissance en Europe, & fut pour elle le Français par excellence, lorsqu'il étoit pour nous l'homme de tous les lieux & de tous les siecles. Il joignit enfin à l'universalité de sa Langue, son univérsalité personnelle; & c'est un problême de plus pour la postérité.

Ces Grands-hommes nous échappent, il est vrai; mais nous vivons encore de leur gloire; & nous la soutiendrons, puisqu'il nous est donné de faire dans le monde physique les pas de géant qu'ils ont faits dans le monde moral. L'airain vient de parler entre les mains d'un Français, & l'immortalité que les livres donnent à notre Langue, des Automates vont la donner à sa prononciation. C'est en France & à la face des Nations que deux hommes se sont trouvés entre le ciel & la terre, comme s'ils eussent rompu le contrat éternel que tous les corps ont fait avec elle. Ils ont voyagé dans les airs, suivis des cris de l'admiration, de la reconnoissance & des allarmes d'un peuple qui ne vouloit pas acheter un nouvel empire aux dépens de ces hommes généreux. La commotion qu'un tel spectacle a laissée dans les esprits durera long-tems; & si par ses découvertes la Physique poursuit ainsi l'imagination dans ses derniers retranchemens, il faudra bien qu'elle abandonne ce merveilleux, ce monde idéal d'où elle se plaisoit à charmer & à tromper les hommes: il ne restera plus à la Poésie que le langage de sa raison & des passions ; & c'est un assez bel empire.

Cependant l'Angleterre, témoin de nos succès, ne les partage point. Sa dernière guerre avec nous, la laisse dans la double éclipse de sa littérature & de sa prépondérance ; & cette guerre a donné à l'Europe un grand spectacle. On y a vu un peuple libre conduit par l'Angleterre à l'esclavage, & ramené par un jeune Monarque à la liberté. L'Histoire de l'Amérique se réduit désormais à trois époques : Egorgée par l'Espagne, opprimée par l'Angleterre, & sauvée par la France.

F I N.

NOTES.

PAGE 3. *On parla Latin à la Cour, &c.*

LORSQU'UN Prédicateur, pour être entendu des Peuples, avoit prêché en Langue vulgaire, il se hâtoit de transcrire son Sermon en Latin. Ce sont ces espèces de traductions, faites par les Auteurs mêmes, qui nous sont restées. Un tel usage prolongeoit bien l'enfance des Langues modernes.

Il faut observer ici que non-seulement les Gaulois quitterent l'ancien Celte pour la Langue Romaine, mais qu'ils vouloient aussi s'appeller Romains, & se plaisoient à nommer leur pays Gaule Romaine ou Romanie. Les Francs, leurs vainqueurs, eurent le même foible; tant le nom Romain en imposoit encore à ces Barbares ! Nos premiers Rois se qualifioient de Patrices Romains, comme chacun sait. La Langue nationale, qu'on appella Romain ou *Roman rustique*, se combina donc du patois Celte des anciens Gaulois, du tudesque des Francs & du Latin; elle fit ensuite quelques alliances avec le Grec, l'Arabe & le Lombard. Au tems de François I, la Langue étoit encore appellée *Romance*. Guillaume de Nangis prétend que *c'est pour la commodité des bonnes gens qu'il a translaté son histoire de Latin en Roman*. Ce nom est resté à tous les ouvrages faits sur le modele des vieilles histoires d'amour & de Chevalerie. On l'écrivoit *Romans*, de *Romanus*, comme nous écrivons *temps* de *tempus*.

(70)

PAGE 4. *Ces deux mots expriment la phyſionomie*, &c.

On y voit le perpétuel changement du *v* en *b*, & de l'*eu* en *ou*. *Fleurs* & *flours* ; *pleurs* & *plours* ; *ſenteur*, *ſentou* ; *douleur*, *doulou*, &c. La *femmeu*, la *femmou*, &c. Ainſi l'*e* muet, comme on voit, ſe change en *ou* à la fin des mots, & fuit à l'oreille comme l'*eu* des Français. Dans ces patois, les *ch* deviennent des *k* : *château* eſt *caſtel* ; *chétif*, *caitivo* ; *chapeau*, *capel* ; *Charle*, *Carle*, &c. Ces jargons ſont jolis & riches ; mais n'étant point annoblis, ils ont le malheur de dégrader tout ce qu'ils touchent.

Idem. *Un Auteur Italien*, &c.

C'eſt Brunetto Latini, Précepteur du Dante. Il compoſa un ouvrage intitulé *Teſoretto*, ou le petit Tréſor, en Langue Françaiſe, au commencement du treizième ſiecle. Pour s'excuſer de la préférence qu'il donne à cette Langue ſur la ſienne, voici comment il s'exprime : « Et s'aucuns demande porquoy chis livres » eſt eſcris en Romans, ſelon le patois de France, » puiſque nous ſommes Italiens, je diroé que c'eſt » pour deux raiſons, l'une por ce que nous ſommes » en France ; l'autre ſi eſt por ce que François eſt plus » délitaubles langages & plus communs que moult d'au- » tres. » Brunet Latin étoit exilé en France ; les Poéſies de Thibaut, Roi de Navarre & Comte de Champagne, les Romans de Chevalerie & la Cour de la Reine Blanche, donnoient du luſtre au Français ; tandis que l'Italie, morcellée en petits Etats, & déchirée par d'horribles factions, avoit quinze ou vingt patois barbares, & pas un livre agréable. Le Dante & Pétrarque n'avoient point encore écrit.

Idem. *Langue légitimée.*

Louis XII & François I ordonnerent qu'on ne traiteroit plus les affaires qu'en Français. Les Facultés ont persisté dans leur Latinité barbare. *Hodièque manent vestigia ruris.*

Page 7. *Sa prononciation gutturale, &c.*

Nous suivons en ceci le préjugé qui s'est établi sur la Langue Allemande. A dire vrai, sa prononciation est presque aussi labiale que la nôtre ; mais comme les consonnes y dominent, & qu'on la prononce avec force, on avoit cru d'abord que les Allemands parloient du gosier. Il en est de l'Allemand comme de l'Anglais, & même du Français : leur prononciation s'adoucissant de jour en jour, & leur orthographe étant inflexible, il en résulte des Langues agréables à l'oreille, mais dures à l'œil.

Page 8. *Des Poëmes tirés de la Bible.*

Ce sont des Poëmes sur Adam, sur Abel, sur Tobie, sur Joseph, enfin sur la Passion de J. C. Ce dernier Poëme, intitulé la *Messiade*, jouit d'une grande réputation dans l'Empire : *la Mort d'Abel* est plus connue en France. M. Klopstok a écrit la Messiade en vers hexamètres, & M. Gesner n'a employé pour sa Mort d'Abel qu'une prose poétique. J'ignore si la Langue Allemande a une prosodie assez marquée pour supporter la verfification Grecque & Latine. Elle a d'ailleurs des vers rimés, comme tous les Peuples du monde.

PAGE 9, *Imité & furpaffé*, &c.

J'entends par les Tragiques Français : car Lopès de Vega peut être comparé à Shakefpéare pour la force, l'abondance, le défordre & le mélange de tous les tons.

PAGE 10. *La nobleffe des définences*, &c.

Un mendiant Efpagnol qui demande *uno maravedis* avec un air de morgue, paroît exiger quelque groffe contribution, & ne demande réellement qu'un *liard*.

PAGE 11. *La Langue vulgaire*, &c.

C'eft ainfi que les Italiens appellent encore leur Langue. Au tems du Dante, chaque petite ville avoit fon patois en Italie ; & comme il n'y avoit pas une feule Cour un peu refpectable, ni un feul livre de marque, ce Poëte, ébloui de l'éclat de la Cour de France & de la réputation qu'obtenoient déjà en Europe les Romans & les Poëmes des Troubadours & des Trouveurs, eut envie d'écrire tous fes ouvrages en Latin, & il en écrivit en effet quelques-uns dans cette Langue. Son Poëme de l'Enfer étoit déjà ébauché & commençoit par ce vers :

Infera regna canam, mediumque, imumque Tribunal.

Mais encouragé par fes amis, il eut honte d'abandonner fa Langue. Il fe mit à chercher dans chaque patois ce qu'il y fentoit de bon & de grammatical, & c'eft de tant de choix qu'il fe fit un langage régulier, un *langage de Cour*, selon sa propre expression, langage dont les germes étoient par-tout, mais qui ne fleurit qu'entre ses mains. Voyez son Traité *de vulgari Eloquentiâ*, & la nouvelle traduction de son Poëme de l'Enfer, imprimée à Paris.

PAGE 14. *Se débattoit dans les horreurs de la Ligue*, &c.

Le Tasse étoit en France à la suite du Cardinal d'Este, précisément au tems de la Saint-Barthelemy. Il est bon d'observer que l'Arioste & lui étoient antérieurs de quelques années à Cervantes & à Lopès de Vega.

PAGE 15. *Elle s'en étoit trop occupée*, &c.

Le Dante avoue que de son tems on parloit quatorze dialectes indistinctement en Italie, sans compter ceux qui étoient moins connus. Aujourd'hui la bonne compagnie à Venise parle fort bien le Vénitien, & ainsi des autres Etats. Leurs Piéces de Théâtre ont été infectées de ce mélange de tous les jargons. Métastase, qui s'est tant enrichi avec les Tragiques Français, vient enfin de porter sur les Théâtres d'Italie une élégance & une pureté continue dont il ne sera plus permis de s'écarter.

PAGE 16. *Formes cérémonieuses*, &c.

L'Arioste se plaint des Espagnols à cet égard, & les accuse d'avoir donné ces formes serviles à la Langue Toscane, au tems de leurs conquêtes & de leur séjour en Italie.

Dapoi che l'adulazione Spagnuola,
A posto la Signoria in Burdello.

Obſervons que l'Italien a plus de formes ſacramentelles qu'aucune autre Langue.

Page 18. *L'homme étant une machine très-harmonieuſe.*

Il faut entendre ceci à la maniere de Paſcal : l'homme n'eſt qu'un roſeau, mais c'eſt un roſeau penſant.

Idem. *Plaiſir & douleur, erreur & vérité.*

Je ne prétends pas dire par-là que l'homme ait d'abord trouvé les termes abſtraits ; il s'eſt contenté d'applaudir ou d'improuver par des ſignes ſimples, & de dire, par exemple, *oui* & *non*, au lieu de *vérité* & d'*erreur*. C'eſt quand les hommes ont eu aſſez d'eſprit pour inventer les nombres complexes qui en contiennent d'autres ; lorſqu'étant fatigués de n'avoir que des unités dans leur numeraire & dans leurs meſures, ils ont imaginé des pièces qui en repréſentoient pluſieurs autres, comme des écus pour repréſenter ſoixante ſous, des toiſes pour repréſenter ſix pieds ou ſoixante-douze pouces, &c. C'eſt alors, dis-je, qu'ils ont eu les termes abſtraits, imaginés d'après les mêmes beſoins & le même artifice. *Blancheur* a raſſemblé ſous elle tous les corps blancs, puiſqu'elle convient à tous ; *Collége* a repréſenté tous ceux qui le compoſent ; la *vie* a été la ſuite de nos inſtans ; le *cœur* la ſuite de nos deſirs ; l'*eſprit* la ſuite de nos idées, &c. &c.

C'eſt cette difficulté qui a tant exercé les Métaphyſiciens, & ſur laquelle J. J. Rouſſeau ſe récrie dans ſon Diſcours de l'Inégalité des Conditions, comme ſur le plus grand myſtère qu'offre le langage.

PAGE 19. *Parole intérieure & cachée.*

Que dans la retraite & le silence le plus abſolu, un homme entre en méditation ſur les objets les plus dégagés de la matiere ; il entendra toujours au fond de ſa poitrine une voix ſecrette qui nommera les objets à meſure qu'ils paſſeront en revue. Si cet homme eſt ſourd de naiſſance, la langue n'étant pour lui qu'une ſimple peinture, il verra paſſer tour-à-tour les hiéroglyphes, ou les images des choſes ſur leſquelles il méditera.

Telle eſt l'étroite dépendance où la parole met la penſée, qu'il n'eſt pas de Courtiſan un peu habile qui n'ait éprouvé qu'à force de dire du bien d'un ſot ou d'un fripon en place, on finit par en penſer.

PAGE 20. *Articulations radicales, &c.*

Ce ſont ces racines de mots que les Etymologiſtes cherchent obſtinément par un travail ingénieux & vain. Les uns veulent tout ramener à une Langue primitive & parfaite : les autres déduiſent toutes les Langues des mêmes radicaux. Ils les regardent comme une monnoie que chaque Peuple a chargée de ſon empreinte. En effet, s'il exiſtoit une monnoie dont tous les Peuples ſe fuſſent toujours ſervi, & qu'elle fût indeſtructible ; c'eſt elle qu'il faudroit conſulter pour la fixation des tems où elle fut frappée. Et ſi cette monnoie étoit telle que, ſans trop de confuſion, on eût pu lui donner des marques certaines qui déſignaſſent les Empires où elle auroit paſſé, l'époque de leur politeſſe ou de leur barbarie, de leur force ou de leur foibleſſe ; c'eſt elle encore qui fourniroit les plus sûrs matériaux de l'histoire. Enfin si cette monnoie s'altéroit de certaine manière entre les mains de certains particuliers, que leurs affections lui donnassent de telles couleurs & de telles formes, qu'on distinguât les pièces qui ont servi à soulager l'humanité ou à l'opprimer, à l'encouragement des Arts ou à la corruption de la justice, &c. ; une telle monnoie dévoileroit incontestablement le génie, le goût & les mœurs de chaque Peuple. Or, les racines des mots sont cette monnoie primitive, antiques médailles répandues chez tous les Peuples. Les Langues plus ou moins perfectionnées ne sont autre chose que cette monnoie ayant déjà eu cours ; & les livres sont les dépôts qui constatent ses différentes altérations.

Voilà la supposition la plus favorable qu'on puisse faire, & c'est elle sans doute qui a séduit l'Auteur du *Monde Primitif*, ouvrage d'une immense érudition, & devant qui doivent pâlir nos vieux in-folio ; mais qui plus rempli de recherches que de preuves, & n'ayant pas de proportion avec la briéveté de la vie, sollicite un abrégé dès la première page.

Il me semble que ce n'est point de l'étymologie des mots qu'il faut s'occuper, mais plutôt de leurs analogies & de leurs filiations, qui peuvent conduire à celles des idées. Les Langues les plus simples & les plus près de leur origine sont déjà très-altérées. Il n'y a jamais eu sur la terre ni sang pur ni Langue sans alliage. *Quand il nous manque un mot*, disoient les Latins, *nous l'empruntons des Grecs* : tous les Peuples en ont pu dire autant. La plûpart des mots ont quelquefois une généalogie ſi biſarre ; qu'il faut la deviner au haſard, & la plus vraiſemblable eſt ſouvent la moins vraie. Un uſage, une plaiſanterie, un événement dont il ne reſte plus de traces, ont établi des expreſſions nouvelles, ou détourné le ſens des anciennes. Comment donc ſe flatter d'avoir trouvé la vraie racine d'un mot? Si vous me la montrez dans le Grec, un autre la verra dans le Syriaque, tel autre dans l'Arabe. C'eſt ainſi qu'un Français voit le nord en Allemagne, le Germain le voit en Suede, & le Suélois en Laponie. Souvent un radical vous a guidé heureuſement d'une premiere à une ſeconde, enſuite à une troiſieme Langue, & tout-à-coup il diſparoit comme un flambeau qui s'éteint au milieu de la nuit. Il n'y a donc que quelques onomatopées, quelques ſons bien imitatifs qu'on retrouve chez toutes les Nations : leur recueil ne peut être qu'un objet de curioſité. Il eſt d'ailleurs ſi rare que l'étymologie d'un mot coïncide avec ſa véritable acception, qu'on ne peut juſtifier ces ſortes de recherches par le prétexte de mieux fixer par-là le ſens des mots. Les Ecrivains qui ſavent le plus de Langues, ſont ceux qui commettent le plus d'improprietés. Trop occupés de l'ancienne énergie d'un terme, ils oublient ſa valeur actuelle & négligent les nuances, qui font la grace & la force du diſcours. Voici enfin une derniere réflexion : ſi les mots avoient une origine certaine & fondée en raiſon, & ſi on démontroit qu'il a exiſté un premier Peuple créateur de la premiere Langue, les noms radicaux & primitifs auroient un rapport néceſſaire avec l'objet nommé. La définition que nous ſommes forcés de faire de chaque choſe, ne seroit qu'une extension de ce nom primitif, lequel ne seroit lui-même qu'une définition très-abrégée & très-parfaite de l'objet, & c'est ce que certains Théologiens ont affirmé de la Langue que parla le premier homme. On auroit donc unanimement donné le même nom au même arbre, au même animal, sur toute la terre & dans tous les tems ; mais cela n'est point. Qu'on en juge par l'embarras où nous sommes lorsqu'il s'agit de nommer quelqu'objet inconnu ou de faire passer un terme nouveau. Il faut tout apprendre en ce monde ; & l'homme qui n'apprend point à parler, reste muet. Il y a si loin d'un son ou d'un simple cri à l'articulation, qu'on ne peut y songer sans surprise ; & comme nous avons tous appris à parler, & que nous sommes convenus entre nous de la valeur de chaque mot, nous ne pourrons jamais concevoir qu'un homme vienne à parler de lui-même & à bien parler.

PAGE 22. *La France qui a dans son sein des richesses immortelles, &c.*

Il y a deux cents ans qu'en Angleterre, & en plein Parlement, un homme d'Etat observa que la France n'avoit jamais été pauvre trois ans de suite.

PAGE 27. *La France sous la zône tempérée, &c.*

Il est certain que c'est sous la zône tempérée que l'homme a toujours atteint son plus haut degré de perfection.

PAGE 29. *Autant de Français différens, &c.*

Celui de Saint-Louis, des Romanciers d'après, d'Alain-Chartier, de Froissard ; celui de Marot, de Ronsard, d'Amiot ; & enfin la Langue de Malherbe, qui est la nôtre. On trouve la même bigarrure chez tous les Peuples. Le Latin des douze Tables, celui d'Ennius, celui de Céfar, & enfin la Latinité du moyen âge.

Idem. *Se traduisoient mutuellement, &c.*

Le Roman de la Rose, traduit plusieurs fois, l'a été en prose par un petit Chanoine du quatorzieme siecle. Ce Traducteur jugea à propos de faire sa Préface en quatre vers, que voici :

    Cy est le Roman de la Rose,
    Qui a été clair & net,
    Translaté de vers en prose
    Par votre humble Moulinet.

PAGE 30. *Et ce divorce de la prononciation & de l'orthographe, &c.*

L'orthographe est une maniere invariable d'écrire les mots, afin de les reconnoître. C'est dans la Latinité du moyen âge qu'on voit notre orthographe & notre Langue se former en partie. On mutiloit le mot Latin avant de le rendre Français, ou on donnoit au mot Celte la terminaison Latine ; *existimare* devint *estimare* ; on eut *pensare* pour *putare* ; *granditer* pour *valdè* ; *menare* pour *conducere* ; *flasco* pour *lagena* ; *arpennis* pour *juger* ;

beccus pour *rostrum*, &c. On croit d'entendre le Malade-imaginaire. De-là viennent dans les familles des mots, ces irrégularités qui défigurent notre Langue : nous sommes infideles & fideles tour-à-tour à l'étymologie. Nous disons *penser*, *pensée*, *penseur*, & tout-à-coup *putatif*, *supputer*, *imputer*, &c. Des mots étroitement unis par l'analogie, sont séparés par l'étymologie & réclament des peres différents, comme *main* & *tact*, *œil* & *vuë*, *nez*, *sentir*, *odorat*, &c.

Mais, pour revenir à notre orthographe, on lui connoît trois inconvéniens ; d'employer d'abord trop de lettres pour écrire un mot, ce qui embarrasse sa marche ; ensuite d'en employer qu'on pourroit remplacer par d'autres, ce qui lui donne du vague ; & enfin, d'avoir des caractères dont elle n'a pas le prononcé, & des prononcés dont elle n'a pas les caractères. C'est par respect, dit-on, pour l'étymologie, qu'on écrit *philosophie* & non *filosofie*. Mais, ou le Lecteur sait le Grec, ou il ne le sait pas ; s'il l'ignore, cette orthographe lui semble bisarre & rien de plus : s'il connoît cette Langue, il n'a pas besoin qu'on lui rappelle ce qu'il sait. Les Italiens, qui ont renoncé dès long-tems à notre méthode, & qui écrivent comme ils prononcent, n'en savent pas moins le Grec ; & nous ne l'ignorons pas moins, malgré notre fidelle routine. Mais on a tant dit que les Langues sont pour l'oreille ! Un abus est bien fort, quand on a si long-tems raison contre lui. J'observerai cependant que les livres sont si fort multipliés, que les Langues sont autant pour les yeux que pour l'oreille : la réforme est presqu'impossible. Nous sommes accoutumés à telle orthographe ;

graphe : elle a servi à fixer les mots dans notre mémoire ; sa bifarrerie fait souvent toute la physionomie d'une expression, & prévient dans la Langue écrite les fréquentes équivoques de la Langue parlée. Aussi, dès qu'on prononce un mot nouveau pour nous, naturellement nous demandons son orthographe ; afin de l'associer aussi-tôt à sa prononciation. On ne croit pas savoir le nom d'un homme, si on ne l'a vu par écrit. Je devrois dire encore que les Peuples du nord & nous, avons altéré jusqu'à l'alphabet des Grecs & des Romains ; que nous avons prononcé l'*e* en *a*, comme dans *prudent* ; l'*i* en *e*, comme dans *invincible*, &c. ; que les Anglais sont là-dessus plus irréguliers que nous : mais qui est-ce qui ignore ces choses ? Il faut observer seulement qu'outre l'universalité des Langues, il y en a une de caractères. Du tems de Pline, tous les Peuples connus se servoient des caractères Grecs ; aujourd'hui l'alphabet Romain s'applique à toutes les Langues.

PAGE 31. *Leur Langue étoit plus près d'une certaine perfection, &c.*

Voici des vers de Thibaut, Comte de Champagne,

Ni Empereur ni Roi n'ont nul pouvoir
Au prix d'amour ; de ce m'ose vanter :
Ils peuvent bien donner de leur avoir,
Terres & fiefs & fourbes pardonner :
Mais Amour peut homme de mort garder,
Et donner joye qui dure.
&c. &c. &c.

Et ceux-ci, qui sont de l'an 1226.

Chacun pleure sa terre & son pays,

F

Quand il se part de ses joyeux amis ;
Mais il n'est nul congé, quoiqu'on en die,
Si douloureux que d'ami & d'amie.

On croit d'entendre Voiture ou Chapelle. Comparez maintenant ces vers de Ronsard, qui peint la fabrique d'un Vaisseau :

Fait d'un Art Maistrier,
Au ventre creux & d'artifice prompt,
D'un bec de fer leur aiguise le front.
&c. &c. &c.

Ou ceux-ci, dans lesquels le Grec échappe tout pur :

Ah ! que je suis marri que la Muse Françoise
Ne peut dire ces mots ainsi que la Grégeoise :
Ocymore, dispôtme, oligochronien :
Certes je le dirois du sang Valésien.

Et ceux d'un de ses Contemporains sur l'alouette :

Guindée par zéphire,
Sublime en l'air vire & revire,
Et y déclique un joli cri,
Qui rit, guerit & tire l'ire
Des esprits mieux que je n'écris.

Ces Poëtes, séduits par le plaisir que donne la difficulté vaincue, voulurent l'augmenter encore, afin d'accroître leur plaisir ; & de-là vinrent les vers monorimes & monosyllabiques ; les échos, les rondeaux & les sonnets, que Boileau a eu le malheur de tant louer. Tout leur Art Poétique roula sur cette multitude de petits Poëmes, qui n'avoient de recommandable que les bisarres difficultés dont ils étoient hérissés, & qui sont presque tous inintelligibles.

Page 22. *Sa Littérature ne vaut pas un coup-d'œil.*

Je ne parle point du Chancelier Bacon & de tous les personnages illustres qui ont écrit en Latin; ils ont travaillé à l'avancement des sciences, & non aux progrès de leur propre Langue.

Idem. *Tronquerent ces finales qui leur étoient inutiles.*

Les Italiens, les Français & les Espagnols ayant adopté les Verbes auxiliaires de l'ancien Celte, les heureux composés du Grec & du Latin leur semblerent des hiéroglyphes trop hardis; ils aimerent mieux ramper à l'aide du Verbe auxiliaire & du Participe passé, & dire, *j'aurais aimé*, qu'*amavissem*. Cette timidité des peuples modernes explique aussi la nécessité des Articles & des Pronoms. On sait que la distinction des cas, des genres & des nombres, chez les Grecs & les Latins, se trouve dans la variété de leurs finales. Mais pour l'Europe moderne, cette différence réside dans les signes qui précedent les Verbes & les Noms, & les finales sont toujours uniformes. En y réfléchissant, on voit que les lettres & les mots sont des puissances connues avec lesquelles on arrive sans cesse à l'inconnu, qui est la phrase ou la pensée : & d'après cette idée algébrique, on peut dire que les articles & les pronoms sont des exposants placés devant les mots pour annoncer leurs puissances. L'article *le*, par exemple, dit d'avance qu'on va parler d'un objet qui sera du genre masculin & du nombre singulier. Ainsi l'article devant le nom est une espèce de pronom, & le pronom devant le verbe est encore une sorte d'article. On voit par ce peu de mots, que nous manquons de Grammaire, & que ceux qui ont entrepris d'en faire, se sont promenés dans la Langue Française, avec la robe Grecque ou Latine.

En effet, un bon Esprit ne peut voir, sans quelque pitié, le début de tous nos Grammairiens. *Il y a*, disent-ils, *huit parties d'Oraison, le Verbe, l'Interjection, le Participe, les Substantifs, les Adjectifs,* &c. Quand on a l'honneur d'être Français, on ne sait trop ce que signifie cette phrase barbare. On voit seulement qu'ils ont voulu compter & classer tous les mots qui entrent dans une phrase, & sans lesquels il n'y auroit pas de discours. Mais sans se perdre dans ces distinctions de l'École, ne seroit-il pas plus simple de dire que tous les mots sont des noms, puisqu'ils servent toujours à nommer quelque chose ?

L'homme donna des noms aux objets qui le frappoient ; il nomma aussi les qualités dont ces objets étoient doués : voilà deux espèces de noms ; le *Substantif* & l'*Adjectif*, si on veut les appeler ainsi. Mais pour créer le *Verbe*, il fallut revenir sur l'impression que l'objet ou ses qualités avoient faite en nous ; il fallut réfléchir & comparer ; & sur le premier jugement que l'homme porta, naquit le Verbe ; c'est le mot par excellence. C'est un lien universel & commun qui réunit dans nos idées les choses qui existent séparément hors de nous ; c'est une perpétuelle affirmation pour le *oui* ou pour le *non* : il rapproche les diverses images qu'offre la Nature, & en compose le tableau général ; sans lui point de Langue : il est toujours exprimé ou sous-entendu. *EST*, verbe unique dans toutes les Langues, parce qu'il représente une opération unique de l'esprit ; Verbe simple & primitif, parce que tous les autres ne sont que des déguisements de celui-là. Il se modifie pour se plier aux différents besoins de l'homme, suivant les tems, les personnes & les circonstances. *Je suis*, c'est-à-dire, *moi est* : *être* est une prolongation indéfinie du mot *est* : *j'aime*, c'est-à-dire, *Je suis aimant*, &c. Voilà une clé générale avec laquelle on trouve la solution de toutes les difficultés qu'offrent les Verbes.

PAGE 38. *Le scandale de notre Littérature.*

Comme le Théâtre donne un grand éclat à une Nation, les Anglais se sont ravisés sur leur Shakespéare, & ont voulu, non-seulement l'opposer, mais le mettre encore fort au-dessus de notre Corneille : honteux d'avoir jusqu'ici ignoré leur propre richesse. Cette opinion est d'abord tombée en France, comme une hérésie en plein Concile : mais il s'y est trouvé des esprits chagrins & anglomans, qui ont pris la chose avec enthousiasme. Ils regardent en pitié ceux que Shakespéare ne rend pas complettement heureux, & demandent toujours qu'on les enferme avec ce grand-homme. Partie mal saine de notre Littérature, qui lasse de reposer sa vue sur les belles proportions, ne cherche plus que des monstres. Essayons de rendre à Shakespéare sa véritable place.

On convient d'abord que ses Tragédies ne sont que des Romans dialogués ; écrits d'un style obscur & mêlé de tous les tons ; qu'ils ne feront jamais des monumens de la Langue Anglaise, que pour les Anglais même : car les Etrangers voudront toujours que les monumens d'une Langue en soient aussi les modèles, & ils les choisiront dans les meilleurs siécles. Les Poëmes de Plaute & d'Ennius étoient des monumens pour les Romains & pour Virgile lui-même ; aujourd'hui nous ne reconnoissons que l'Enéide. Shakespéare pouvant à peine se soutenir à la lecture, n'a pu supporter la traduction, & l'Europe n'en a jamais joui : c'est un fruit qu'il faut goûter sur le sol où il croît. Un Etranger qui n'apprend l'Anglais que dans Pope & Adisson, n'entend pas Shakespéare, à l'exception de quelques Scènes admirables que tout le monde sait par cœur. Il ne faut pas plus imiter Shakespéare que le traduire : celui qui auroit son génie, demanderoit aujourd'hui le style & le grand sens d'Adisson. Car si le langage de Shakespéare est presque toujours vicieux, le fond de ses Piéces l'est bien davantage : c'est un délire perpétuel ; mais c'est souvent le délire du génie. Veut-on avoir une idée juste de Shakespéare ? Qu'on prenne les Horaces de Corneille, qu'on mêle parmi les grands Acteurs de cette Tragédie quelques Cordonniers disant des quolibets, quelques Poissardes chantant des couplets, quelques Paysans parlant le patois de leur Province, & faisant des contes de sorciers ; qu'on ôte l'unité de lieu, de tems & d'action ; mais qu'on laisse subsister les Scènes sublimes, & on aura la plus belle Tragédie de Shakespéare. Il est grand comme la Nature & inégal comme elle, disent ses enthousiastes. Ce vieux sophisme mérite à peine une réponse.

L'Art n'est jamais grand comme la Nature ; & puisqu'il ne peut tout embrasser comme elle, il est contraint de faire un choix. Tous les hommes aussi sont dans la Nature, & pourtant on choisit parmi eux, & dans leur vie on fait encore choix des actions. Quoi ! parce que Caton prêt à se donner la mort, châtie l'Esclave qui lui refuse un poignard, vous me représentez ce grand personnage donnant des coups de poing ? Vous me montrez Marc-Antoine ivre & goguenardant avec des gens de la lie du peuple ! Est-ce par-là qu'ils ont mérité les regards de la postérité ? Vous voulez donc que l'action théâtrale ne soit qu'une doublure insipide de la vie ? Ne sait-on pas que les hommes en s'enfonçant dans l'obscurité des tems, perdent une foule de détails qui les déparent & acquierent par les Loix de la perspective une grandeur & une beauté d'illusion qu'ils n'auroient pas, s'ils étoient trop près de nous ? La vérité est que Shakespéare s'étant quelquefois transporté dans cette région du beau idéal, n'a jamais pu s'y maintenir. Mais, dira-t-on, d'où vient l'enthousiasme de l'Angleterre pour lui ? De ses beautés & de ses défauts. Le génie de Shakespéare est comme la majesté du peuple Anglais : on l'aime inégal & sans frein : il ne paraît plus libre. Son style bas & populaire en participe mieux de la souveraineté nationale. Ses beautés désordonnées causent des émotions plus vives, & le peuple s'intéresse à une Tragédie de Shakespéare, comme à un événement qui se passeroit dans les rues. Les plaisirs purs que donnent la décence, la raison, l'ordre & la perfection, ne sont faits que pour les ames délicates & exercées. On peut dire que Shakespeare, s'il étoit moins monstrueux, ne charmeroit pas tant le peuple, & n'étonnerait pas tant les connoisseurs, s'il n'étoit pas quelquefois si grand. Cet homme extraordinaire a deux sortes d'ennemis, ses détracteurs & ses enthousiastes ; les uns ont la vue trop courte pour le reconnoître quand il est sublime ; les autres l'ont trop fascinée pour le voir jamais autre. *Nec rude quid profit video ingenium.* Hor.

PAGE 45. *La Langue Latine étant la vieille souche.*

On sait bien que le Celte présente les radicaux d'une foule d'expressions dans toutes les Langues de l'Europe à peu près, sans en excepter la Grecque & la Latine. Mais on suit ici les idées reçues, sur le Latin & l'Allemand ; & on les considere comme des Langues meres qui ont leurs racines à part.

PAGE 46. *C'est avec une ou deux sensations que quelques Anglais ont fait un Livre.*

Comme Yong, avec la nuit & le silence.

PAGE 48. *Les sensations nomment le premier l'objet qui frappe le premier.*

Tout le monde a sous les yeux des exemples fréquens de cette différence. *Monsieur, prenez garde à un serpent qui s'approche*, vous crie un Français ; & le serpent est là vous avant qu'il soit nommé. Un Latin vous eût crié, *serpentem fuge* ; & vous auriez fui au premier mot, sans attendre la fin de la phrase. En suivant Racine & Lafontaine de près, on s'apperçoit que fans jamais bleſſer le génie de la Langue, ils ont toujours nommé le premier l'objet qui frappe le premier, comme les Peintres placent fur la première terraſſe le principal perſonnage du Tableau.

PAGE 50. *Leurs métaphores ont toujours un degré de plus que les nôtres.*

Virgile dit, par exemple : *Capulo tenus abdidit enſem*, il cacha ſon épée dans le ſein de Priam ; & nous diſons, il *l'enfonça* ; or il y a un degré entre *enfoncer* & *cacher*, & nous nous arrêtons au premier.

PAGE 52. *L'oreille (ce qu'il y a de plus capricieux dans l'homme, &c.*)

L'harmonie imitative dans le langage, acheve & perfectionne la deſcription d'un objet ; parce qu'elle peint aux yeux, à l'oreille, à tous les ſens. Elle eſt dans le nom même de la choſe, ou dans le verbe qui exprime l'action. Quand le Nom & le Verbe n'ont pas d'harmonie qui imite, on ne parvient à la créer que par le choix des épithètes & la coupe des phraſes. Le Nom qu'on appelle *Subſtantif* doit avoir ſon harmonie, quand l'objet qu'il exprime a toujours une même maniere d'être : ainſi *tonnerre, grêle, tourbillon*, ſont des mots chargés d'r, parce qu'ils ne peuvent exiſter, ſans produire une ſenſation bruyante. L'eau, par exemple, eſt indifférente à tel ou tel état ; auſſi, ſans aucune ſorte d'harmonie par elle-même, elle en acquiert au beſoin par le concours des épithètes & des Verbes : *l'eau turbulente frémit*, *l'eau paiſible coule*. Il y a dans notre Langue beaucoup de mots ſans harmonie, ce qui la rend peu traitable pour la Poéſie, qui voudroit réunir tous les genres de peinture. Il y a des mots d'une harmonie fauſſe, comme *lentement*, qui devroit ſe traîner, & qui eſt bref ; auſſi les Poëtes préférent *à pas lents*. Les Latins ont *feſtina*, qui devroit courir, & qui ſe traîne ſur trois longues. On a fait dans notre Langue, plus que dans aucune autre, des ſacrifices à l'harmonie : on a dit *mon ame*, pour *ma ame* ; *de cruelles gens*, *de bonnes gens*, pour ne pas dire *de cruels gens* ; *de bons gens*. Par exemple, la beauté harmonique du Participe *béant*, *béanté*, l'a conſervé, quoique le Verbe *béer* ſoit tombé. Le Verbe *ouïr* qui s'affilioit ſi bien au ſens de *l'ouïe*, aux mots *d'oreille*, *d'auditeur*, *d'audience*, ne nous a laiſſé que ſon Participe *ouï*, qui ſert d'affirmation : pour tout le reſte nous employons le Verbe *entendre*, qui vient *d'entendement*, &c. Enfin dans les conſtructions ſingulieres & les ellipſes qu'on s'eſt permiſes, on a toujours eu pour but d'adoucir le langage ou de le rendre précis ; il n'y a que la clarté qu'on ne peut jamais ſacrifier.

Les enfans, avant de connoître la ſignification des mots, leur trouvent à chacun une variété de phyſionomie qui les frappe & qui aide bien la mémoire. Cependant à meſure que leur eſprit plus formé ſent mieux la valeur des mots, cette diſtinction de phyſionomie s'efface ; ils ſe familiariſent avec les ſons, & ne s'occupent guères que du ſens. Tel eſt le commun des hommes. Mais l'homme né Poëte revient ſur ces premieres ſenſations dès que le talent ſe développe : il fait une ſeconde digeſtion des mots ; il en recherche les premieres ſaveurs, & c'eſt des effets ſentis de leur diverſe harmonie qu'il compoſe ſon Dictionnaire Poétique.

PAGE 58. *La multitude des Langues est fatale au génie.*

Il faut apprendre une Langue étrangere, pour connoître sa Littérature, & non pour la parler ou l'écrire. Celui qui sait bien sa propre Langue, est en état d'écrire ou du moins de distinguer dix à douze styles différens; ce qu'il ne peut se promettre dans une autre Langue. Il faut au contraire se résoudre, quand on parle une Langue étrangere, à être sans finesse, sans grace, & souvent sans justesse.

On peut diviser la Nation Française en deux Classes, par rapport à leur Langue; la premiere est de ceux qui connoissent les sources d'où elle a tiré ses richesses : l'autre est de ceux qui ne savent que le Français. Les uns & les autres ne voyent pas la Langue du même œil, & n'ont pas en fait de style les mêmes données.

PAGE 60. *Il n'est point d'Art ou de Profession.*

La Religion Chrétienne qui ne s'est pas, comme celle des Grecs, intimément liée au Gouvernement & aux Institutions publiques, n'a pu annoblir, comme elle, une foule d'expressions. Ce sera toujours-là une des grandes causes de notre disette. L'Opera n'étant point une solemnité, ses Dieux ne sont pas ceux du peuple ; & si nous voulons un Ciel Poétique, il faut l'emprunter. Nos Ancêtres, avec leurs mysteres, commençoient bien comme les Grecs; mais nos Magistrats qui n'étoient pas Prêtres, ne firent pas assez respecter cette Poésie Sacrée, & elle fut étouffée en germe par le ridicule.

La Religion, loin de fournir au Dictionnaire des

Beaux-Arts, avait même évoqué à elle certaines expressions, & nous en avoit à jamais privés. On n'auroit pas osé dire sous Louis XIV, *la grace du langage*; mais on disoit, *les graces du langage*; par allusion aux trois Grâces. Aujourd'hui, par je ne sais quelle révolution arrivée dans les esprits, notre Littérature a reconquis cette expression. Mais l'établissement des Moines a rendu l'Enéide intraduisible: comment en effet traduire *Pater Enéas*? Il se passera bien des siécles, avant que le mot *Pere* ait repris sa dignité.

PAGE 64. *Pour en fixer les époques.*

Ce qu'on dit ici des époques de la Nature, ne peut concerner que le style & les grandes vues de l'Auteur: car si le fond du système est, comme il a paru opposé à la Genèse, il ne peut être adopté.

PAGE 65. *Raynal donnoit enfin aux deux Mondes.*

En louant cette grande Histoire, la plus importante qu'on ait encore écrite, je n'ai pas prétendu défendre les déclamations trop fréquentes qui la déparent, & qui ont été rejettées par le goût, avant de l'être par l'Eglise & les Parlements.

FIN.

www.ingramcontent.com/pod-product-compliance
Lightning Source LLC
LaVergne TN
LVHW050633090426
835512LV00007B/833